人間力を育てる

生長の家の教育法のすすめ

木原源吉

日本教文社

《序　論》

生長の家の教育法は、昭和五年に、宗教法人「生長の家」の初代総裁であった谷口雅春《たにぐちまさはる》先生が提唱された教育法であって、唯神実相《ゆいしんじっそう》哲学に基づく神性《しんせい》一元の世界観、人生観を基盤とした「人間は神の子である」との人間観、児童観の上に成り立つ教育法である。

つまり生長の家の教育法は、すべての子どもはどの子もみんな神の子で、一人々々の子どもの内には、誰一人の例外もなく、円満完全な神性仏性《ぶっしょう》と、それにともなう無限の才能が必ず潜在しているのであるから、このことを確信して親がわが子を育て、教師が児童生徒を導くならば、たとえ今、どのような現象的状態に見えている子であっても、その子本来の神性仏性を現わし、その子の内に潜在している無限の才能を、その子その子の個性に応じて発揮することになって、将来は多くの人々のために貢献することのできる有能で素晴らしい人間に必ず育つという教育理念に立脚した教育法なのである。

事実、この教育法が提唱された昭和五年以降、二十一世紀の現代に至るも、この教育法によってわが子を育て、あるいは学校教育においてこの教育理念で児童生徒を指導して、めざましい教育成果を挙《あ》げられた家庭のご両親や、全国の国立、公立、私立の幼稚園や小・中・高校および大学の先生方は、大勢おられる。わたし自身も、昭和二十年に、新任教諭として東京都の大田区立馬込《まごめ》第二小学校に赴任して以来、港区立南山《なんざん》小学校教諭、港区立桜《さくら》小学校教諭、港区立高輪台《たかなわだい》小学校教諭として、新任教諭だったときから、定年で退任するまで、一貫して生長の家の教育法の教育理念に立って、学級担任として、あるいはクラブ活動や児童会活動の指導を行《おこな》って来たが、わたしの学校教育に関しては、わたしの別著『問題児はいなかった』（日本教文社刊、現在第五版）に、特に顕著な教育成果のあった教育事例二〇例を挙げて詳細に著述してあるので、もしまだお読みでない方がおられたら、あわせてお読みいただくと、よりご参考になると思うのでおすすめしたい。

小学校教諭を定年退任後のわたしは、引き続き新任教諭の指導教官、その後、神奈川県の横浜市立高舟台《たかふねだい》小学校の臨任《りんにん》教諭として教壇に留まることになり、現在は警視庁高輪警察署の交通少年団のブラスバンドの指導講師として、今も生長の家の教育法の理念によって教育活動に従事している。

現代は、青少年や児童に関するさまざまな問題が山積しているが、少年少女や児童に起こる諸問題の根本的原因を調査してみた結果から言えることは、それらの諸問題の原因が、学校より、家庭にあるケースのほうが遥《はる》かに多い。ということは、幼児期から青少年期に至る家庭での子育てをする親の視点が、子どもの知力と体力の育成にだけ集中しやすく、子育てにもっとも必要な自立心と規範《きはん》意識の育成、すなわち人間力の育成を軽視しがちになるからである。

そこで本書は、特に家庭教育に視点を当て、胎教から始まって、小・中・高校生に至るまでの、家庭における子育ての仕方について、事例等も加えながら、上手な子育ての仕方について述べて諸賢のご参考に供しようとするものである。

現在わたしの手許《てもと》には、全国の幼児や小・中・高校生をお持ちのお母様方から、年間五十件を越す教育相談が、電話や手紙で寄せられていて、中にはすでに成人して大人になった子の、生活問題の相談もあるが、これらの教育相談には、直接面談してアドバイスを差し上げる場合もあり、遠方の方々には電話や手紙でアドバイスを差し上げている場合もある。本書の中にも、わたしが取り扱った教育相談の事例もいくつか載っているが、教育相談には守秘義務があるので、相談された方々の氏名や住所等は記載していないことをご承知願いたい。

生長の家の教育法が、日本全国のご家庭に隈《くま》なく浸透することで、すべての青少年児童に夢と希望を与え、自信と勇気を持たせ、心身ともに健全な青少年児童の育成が果たせることを、念願してやまないしだいである。

末筆ながら本書の出版に当たり、多大なご尽力を賜わった日本教文社の役員の方々、並びに関係の方々に深甚の感謝を捧げて、序論を閉じさせていただくこととする。

平成十八年一月吉日

著者しるす

人間力を育てる——生長の家の教育法のすすめ

目次

人間力を育てる

——生長の家の教育法のすすめ——

《本　　論》

1　実相の子どもと現象の子どもを区別する

＊名門女子高校の不登校女子生徒、一年後には生徒会委員長

群馬県のある女子高校生の母親から高二の娘が不登校だという教育相談があった。子どもの不登校に関する教育相談は小・中・高校生ともに非常に多いのだ。全国の国立、公立、私立の男女高校生を合わせると約三七二万人いるが、その中で約六万七五〇〇人が不登校である。これに小学生、中学生の不登校生を加えるとおよそ一九万人を越える不登校生がいることになる（平成十六年度の文部科学省の統計による）。不登校の原因にはいろいろあって、いじめが原因であるものと、そうではない場合とがある。

いじめが原因の不登校なら、早期に適切な教育的措置を、学校と家庭が一体となって取って、いじめを解消させれば不登校も解消する。いじめの発見が遅れたり、教師や親の対処が

いい加減だと、いじめは解消するどころか逆にエスカレートして、子どもを極限まで追いつめることにもなりかねない。いじめは、早期処置がもっとも重要で、子どもはなかなか親にはいじめの事実を言い出さない場合が多いから、親は家庭の中での、子どもの生活態度を注意深く観察していることが必要だ。子どもが急に無口になったとき、子どもの表情が無表情になったときなどは、早くに担任の教師や、クラスの友達や、クラスの他の母親同士で情報を交換し合って、いじめの有無を判別する努力が大切で、いじめがあったら、必ず早いうちに担任の先生に善処を要望しなくてはならない。

いじめの処置は、いじめられている子の親から担任へ、担任からいじめをしている子とその親へ、しかるべき指導を行《おこな》っていじめを解消させるのが正当な対処の仕方で、いじめられている子の親から、いじめをしている子の親へ、直接ダイレクトに話を持ちこむことは、効果がほとんどない上に、母親相互の人間関係をも損なうことになりやすいので、望ましいやり方ではない。学校のことは、小・中・高校を問わず、担任教師を通すことが必要だ。

いじめ以外の原因で生じる不登校は、二つある。担任の先生か、また中学・高校なら、ある教科の担任とその子との信頼関係に歪《ひず》みがある場合、もうひとつは、親子の信頼関係に歪みがある場合である。前者の場合には、たいていは子どもが親に言うからすぐわかる。また中学生以上なら、その先生の授業のある日に学校に出たがらなくなるところから始まって、やがて毎日不登校になる。これも初期のうちに適切な対処をしておけば、不登校にはならずに済む。後者の場合が親はもっとも気づきにくい。その典型的なのは、子どもへの勉強の煽《あお》り過ぎだ。親子関係の歪みが生じて子どもが非行化したり犯罪を犯したりする原因の六五パーセントはこれなのだ。このことについては、後の章で詳しく述べることにする。

彼女の場合は親子関係の歪みではなかった。特定な先生が嫌いなのでもなかった。ただ彼女が通っている女子高校は私立の名門女子高校で大変厳しいのだ。わたしは教育には厳しさも必要だと思っているから、厳しさをいけないとは考えていないが、厳しい教育の欠点はブラックリストを挙《あ》げやすいことだ。

彼女は成績そのものは決して悪いほうではなかったが、学習態度は必ずしも模範的とは言えなかった。まず提出物が提出されていない。それに髪の毛が茶髪である。それは彼女だけではなかったが、校則は茶髪禁止だったから、彼女はブラックリスト中の少女に数えられていた。教科のテストの得点もよいのだが、提出物を出していないから減点になる。これは当然と言えば当然だが、それやこれやで先生方の心証《しんしょう》がよくないから、得点がいい割には、それが教科の評価には出て来ない。そんな仲間が四〜五人いて、どの子も決して悪い子ではなかったのだが教室は自由席だったから、毎日その四～五人が教室のいちばん後ろのほうに席を占《し》めて、授業中も先生の話も碌《ろく》に聞かずに喋《しやべ》っている。毎時間どの先生からも注意される。そんなことを続けているうちに、だんだん学校がおもしろくなくなった。高二の一学期が始まってから、ときどきずる休みをするようになり始めて、一学期の終わり頃には、期末テストには出たが、週に二回か三回は理由も無く学校を欠席するようになった。そして夏休みが終わって二学期になったら、本格的な不登校になった。

私立高校だから、大学と短大はエスカレーターで大学受験はないのだが、母親が心配するのは彼女の出席日数が足りなくなることである。高校は義務教育ではないから、出席日数が所定の日数を下回れば留年になる。今でも不登校の彼女が留年になったら、なおさら学校へ行かなくなる。あと一年、高校へ無事に通えば、成績も決して最低ではないのだから、そのまま大学か、少なくとも短大へは進学できる。それが高校中退になってしまったのでは大変だというのが母親の心配の原因で、何とか学校へ行くようにならないだろうかというのが相談だったのである。

ちょうどわたしが教育講演に行ったときの質問時間の質問の中に出て来たことだったので、講演会終了後、残ってもらって約一時間ほど母親と個人面談した。

そこでわたしは母親の話を詳しく聞いた上で、概要次のようなことを話した。

「大人も子どもも、人間は誰もが神の子だから、子どもの本来相はどの子も神そのもので、神性仏性《しんせいぶっしょう》そのものである。それが子どもの実相だ。実相というものは、目には見えないけれども、目に見えなくても、それが本当の子どもの姿なのだ。だから子どもの中にある本当の子ども、子どもの実相を引き出しさえすれば、子どもの中にある神が現象面に現われて、そうなると、喜んで登校するのが子どもの実相だから、あなたが心配なさらなくても、子どもは必ず学校へ行くようになる。ただそうなるためには、今、目の前に見えている不登校という子どもの現象に視点を集中し続けて、この不登校を何とかしなければならないと、明けても暮れても『不登校、不登校』とだけ思い続けていると、『この子は不登校』と信じる親の信念が、子どもに反映して、それでは不登校はなくならない。現象は、信念が投映して映し出した映像が現象だから、まず現象的にはあなたのお嬢さんが不登校であっても、わが子は不登校だと思うことを今すぐおやめなさい。そして、あなたの思いを、お嬢さんの現象ではなく、お嬢さんの実相にしっかり波長を合わせて、神性仏性そのままであるお嬢さんの実相だけを、強く心の中に、自分で自分に言い聞かせるように思い続けなさい。ただ『思い続ける』と言われても、現象として目の前に形となって現われている不登校のお嬢さんを見ながら、なかなかお嬢さんの実相である神そのままの姿を思うことは難しいだろうから、毎日心の中で、『わが子は神の子、円満完全、明朗快活、学校大好き、先生大好き、友達大好き、勉強大好き』と、お嬢さんが元気で登校して楽しく勉強していたり、大勢の友達と仲よく遊んでいたりしている状態を、心にイメージしながら心の中で唱《とな》え続けることをおやりなさい。これを祈りと言う。あなたが今、心の中で、不登校、不登校と毎日思い続けて、このままでは留年になるのではないかと毎日心配し続けることは、お嬢さんの不登校と留年を毎日祈り続けているようなものだ。だからその反対をおやりなさい。そしてお嬢さんには、学校のことなどは一言も言わないで、愉快《ゆかい》な会話や、お嬢さんを笑わせるようなおもしろい話をして、お嬢さんの心を、できる限り、愉快に明るくさせることを実行してごらんなさい。」

と話した。それは秋も終わりが近づく十一月中旬のことだった。それから後、この母親とは、週に一度は電話で話し合い、月に一回か二回は手紙のやり取りで子どもの現象の不完全な面をことごとく否定して、実相の神性仏性のみを思い続けるように励ました。

この母親は大変素直な人で教わったとおりに実行し続けたのだ。十二月になって冬休みが来た。冬休みは子どもが学校には行かないで家にいるのは当たり前。この期間は、母親の目にも子どもが不登校とは映らないから、かえって母親の心が安定していて祈りも効率が高いのだ。母親は毎日、大晦日も元旦も祈りを続けた。

三学期になって学校が始まった。始業式にも娘は登校しなかったが、母親は祈りを続行し、子どもには徹底して明るく対応した。三学期が始まって二週目の月曜日の朝、彼女は、

「きょうあたり一度学校へ行ってみようかな。」

と言い出した。こんなとき、親はとび上がって喜んでみせたりせず、さり気なく明るく対応するのが、上手な教育手段である。母親は、

「そうね。久しぶりだもんね。行ったら何かいいことがあるかもよ。」

と笑顔でさり気なく彼女に対応した。それでも彼女は休み癖《ぐせ》がついているから支度《したく》も遅く、学校へは遅刻で出て行ったが、母親はそのことには一言も触れず、出て行く彼女に手を振って、

「行ってらっしゃい、きょうはきっといいことがあるわよ。」

と明るく彼女を送り出した。その日から、毎日登校するようにはなったが、学校は毎日一時間遅れの登校だった。それでも母親は遅刻のことには一切触れず、毎朝、

「行ってらっしゃい。きょうもきっといいことがあるわよ。」

で手を振ってにこやかに送り出した。そのうち、何も言わずに毎日ブスッとした表情で家

を出かけて行った彼女が、

「行って来ます。」

と元気な声で、母親を振り返って手を振って登校するようになった。遅刻はなくなった。

彼女は二学期を全然登校していなかったから、二学期の教科の内容がよくわかっていない。

ある日のこと、数学の先生が授業中に彼女に、

「お前、二学期出て来なかったから、わからないところがたくさんあるだろう。教えてやるから放課後職員室に来い。」

と言った。彼女は言われるままに放課後、職員室へ行った。職員室で数学の特訓を受けていると、向かいの席にいた英語の女性教師が、

「あら、数学教わってるの？　偉いわね。もしよかったらあたしが英語もわからないところ教えて上げるわよ。」

と話しかけて来た。そこで彼女は職員室で英語の特訓も受けるようになった。毎日のことだから、職員室中の先生と顔馴染《かおなじ》みになった。すると今度は国語の先生が、

「お前、現代国語苦手だったな。教えてやるから俺《おれ》の席にも寄って行け。」

と言い出した。そのうち関係のない先生までが、

「お腹《なか》が空《す》いたでしょ。おやつ食べない？」

と菓子をくれる先生まで出て来て、彼女は職員室の先生方のアイドルになってしまった。

彼女は母親の祈りの言葉どおり、「先生大好き」になってしまった。

もともと、できのよい子だったから成績はみるみる向上した。彼女には何と無料家庭教師が三人も付いてしまった恰好《かっこう》になった。授業態度が前向きになり、もともと友達とは誰とも親しかった彼女だから、「学校大好き、友達大好き、勉強大好き」になってしまった。以後高二の終わりまで一日の欠席もない。三学期末の成績はトップレベルまで上がった。結局、彼女の出席日数は、進級基準には、わずかに足りなかったのだが、彼女の変容が著《いちじる》しく、成績もトップレベルの上位だったので、留年にはならずに無事に高三へ進級できた。彼女の茶髪は彼女が「学校大好き、先生大好き、友達大好き、勉強大好き」になってから間もなくの二月上旬の日曜日、突然彼女は自分から、

「あたし美容院へ行って来る。」

と言い出して美容院へ出かけて、美容院で茶髪を黒髪に戻して、きれいにセットして帰って来た。

高三になってからの彼女は、彼女本来の明るさと積極性が発揮されて来て、学校でも前向

きに取り組むようになり、友達からも信頼され、後輩からも慕《した》われ、学校中の先生からの彼女に対する評価は一変した。彼女は高一の頃から所属していたテニス部の部長に選出され、その後、五月の全校生徒会で、生徒会の委員長に選出されたのである。

＊子どもの実相を引き出す親の言葉

人間は神の子である。だからどの子もその子の本来の姿は神性仏性、神そのもの仏そのものであって、どの子も無限の才能を必ず持って生まれている。しかしながら、現在表面に現われて見えている現象の子どもの姿は、必ずしもその子本来の姿、その子の実相がいつもそのまま現われているとは限らない。実相が現われている面もある。現われていない面もある。実相が現われている時もある。現われていない時もある。

だから親が、わが子の現象の状態だけを見て、それがわが子の本当の姿だと思うと、子育ての方向を間違うのである。不登校で学校に行かず、毎日家でブラブラしていた高二のわが子を、

「わが子は神の子、円満完全、明朗快活、学校大好き、先生大好き、友達大好き、勉強大好

き。」

と毎日親が自分で自分に言い聞かせるように心の中で唱え続け、その思いで子どもに明るく対処したとき、子どもが変わったのである。

ということは、現象はないということだ。あるように見えてもないのである。それはただ、今現われて見えている象《かたち》でしかないのである。あるのは実相だけである。この区別をはっきりすることが重要だ。現象はないもの、実相だけがあるものと、はっきり区別することが必要である。教育は、この信念からスタートするのだ。

子どもは親が願うとおりに育つのではない。親が信じたとおりに育つのである。学校教育にせよ、家庭教育にせよ、すべての教育は、信じることから始まる活動が教育なのである。児童生徒を信じることのできない教師には教育はできない。わが子を信じることのできない親があったら、その親にも子育てはできないのである。

「信じる」とは、「人が言う」と書く。だから信じたら、信じたとおりに言葉に出して言わなければ、信じたことにはならないのだ。子どもの欠点を見つけてそれを何とかして直そうとするよりは、その子の美点を探し出して美点を伸ばすように子どもを讃嘆《さんたん》することが必要だ。

それでは欠点のほうはどうするのか。欠点とは、その子にまだ「欠けている点」を「欠点」というのであって、その子にある悪い点が欠点なのではなく、その子本来の美点のある部分が欠けていてまだ現われていない空白の部分が欠点である。したがって、その子の美点をどんどん強調して讃嘆することで、子ども自身が自分の美点を自覚すればするほど、美点が広がって来て、空白になっている「欠けている部分」つまり欠点をしだいに埋め尽くして、欠点は消えるのである。

欠点をただそのままに放って置いたのでは欠点は消えない。放って置くのではなくて、美点を広げればよいのである。そのためには、親は、親の視点を子どもの現象に集中しないで子どもの実相に集中すること、そして、わが子の現実に今見えている善《よ》い面や、現実に優《すぐ》れている点を、どんどん言葉に出して子どもに言って、子ども自身に自分の善い面や優れている点を気づかせることが大切だ。そうしたら子どもが自惚《うぬぼ》れるだろうなどと、心配する必要はない。子どもの実相を現象にまで引き出すのは、親の言葉なのである。

2　子どもの内に潜在する無限の才能を確信する

＊天才バイオリニスト、川畠成道さんの話

音楽に関心のある人であれば、たいていの人が知っている世界的天才バイオリニストに、川畠成道《かわばたけなりみち》さんという人がいる。昭和四十六年生まれ、現在三四歳である。川畠成道さんは、八歳のとき、祖父母とアメリカ旅行したときに風邪《かぜ》をひき、薬害の影響もあって高熱が続き、全身に発疹が出て、それが水疱となって出血するという重症状態に陥り、一時は生死にかかわる重症だったが幸いに回復した。だが、回復はしたものの後遺症で視力障害が生じた。

名医の懸命な治療にもかかわらず、視力は時が経《た》つにつれて弱化する一方で回復の兆《きざ》しが見えず、東大病院の眼科の主治医から視力の回復は不可能との宣告を受けた。

当時の成道さんは八歳だ。八歳のわが子の両眼の視力が回復の見込みなしとなったら、成

道さんの母親でなくても、そのショックは大変なものだったろうと想像できる。だが、ここで重要なのが、どの子の内にも必ず潜在している無限の才能を、親がどこまで信じ切れるかということである。視力は日に日に弱体化する。成道さんは両眼失明するかも知れない。おそらく失明はまぬがれないだろう。このとき成道さんの母親は、両眼失明するかも知れないわが子に、「目が見える人を越える才能を伸ばそう」と決意したのであった。

幸いなことに父親がバイオリンの教師をしていたことから、父親の発案で、成道さんに父親がバイオリンを教えることになり、母親も賛成した。成道さんが一〇歳、小学校四年生の年である。成道さんの視力が弱くて細かい楽譜は読めないから、大きな模造紙を何枚も使って、大きな文字で五線譜を書き、それで練習を始めた。成道さんのバイオリンの練習に使用した模造紙の枚数は、初期の頃だけでも百枚を越えたという。

初めのうちは父親が教え、後になって専門のバイオリニストの先生について習ったのだが、ピアノでもバイオリンでも、週に一度や二度、先生のところで弾いたくらいでは、目が見える子であっても、大勢の聴衆を前に名曲を演奏できる腕には上達できない。毎日家で一定時間、自主練習をしなければ上達しない。このことは、スポーツのトレーニングでも、その他何でも同じである。天才とは努力の別名なのだ。成道さんは毎日家で六時間から、多いときは一〇時間バイオリンを弾いたという。成道さんの母親はピアノが上手な人だったので、母親が弾くピアノの音を頼りに、曲の音高や強弱やリズム、速さを耳で聞きながら、母親と二人で練習を続けたりもした。

練習を始めた当初の父親のレッスンも、徹底したハードレッスンだったのだが、父親のわが子の才能を確信する信念と、母親のわが子への明るい励ましは、視力障害を持つ一〇歳の成道さんを楽しませながら練習させることに成功した。事実一〇歳の成道さんは、毎日バイオリンを練習する時間を楽しみにして、喜んで練習に励んだのだ。子どもに勉強をさせようとする多くの親にとって、大いに参考にすべきことである。

やがて成道さんは、桐朋《とうほう》中学校に進学する。桐朋中学校は、桐朋音大の附属校であるが、中学校では特に音楽だけを重点に教えるのではなく、普通の中学校である。中学と直接には関係ないが、桐朋系の先生が指導している音楽教室が近くにあって、桐朋高校の音楽科の生徒や桐朋中学校の生徒や、中には他校の高校生、中学生でもレッスンを受けに通って来る。独特な指導法を編み出したことで有名な齋藤秀雄氏が、この音楽教室の設立者で、世界的に有名な指揮者である小澤征爾《おざわせいじ》氏も、齋藤秀雄氏の門下生である。

さて成道さんは、桐朋中学に入った中学一年生の年、「全日本学生音楽コンクール」に参加して、見事第三位に入賞した。こうして成道さんは、桐朋中学から桐朋高校の音楽科に進学し、いよいよバイオリニストとしての道を本格的に歩み始める。そして桐朋音大へ。桐朋音大一年の年に、今度は学生音楽コンクールではなく、一般の部の音楽コンクールに参加して、ここでも上位三位に入賞した。

桐朋音大を最優秀の成績で卒業した成道さんは、母親と二人でヨーロッパに渡り、イギリスの英国王立音楽院の大学院に入学する。在学中の平成九年、英国王立音楽院創立一七五周年記念大演奏会が催された。その演奏会で成道さんは、ただ一人のバイオリン・ソリスト（ソロ演奏者）に抜擢《ばってき》された。

また成道さんは、英国王立音楽院創立以来、二人目のスペシャル・アーティスト・ステイタスの称号を授与されている。スペシャル・アーティスト・ステイタスの称号は、英国王立音楽院一七五年の歴史の中で、川畠成道さんが二人目だから、世界で二人目、日本人では初めての、バイオリニストとしては最高の栄誉《えいよ》に輝いたということである。

親が信じたとおりに子は育つ。八歳のとき視力障害を生じ、不治と診断され、両眼失明を宣告された成道少年を、両親揃って「目が見える人を越える才能を伸ばそう」と信じ続けて育てたとおりに、彼は目が見える人を遙《はる》かに越える才能を伸ばすことになったのである。

英国王立音楽院大学院もまた首席で卒業した川畠成道さんは、イギリス国内はもちろん、ヨーロッパ各国を、一流楽団のバイオリンのソリストとして演奏旅行をし、さらに、アメリカ、南米にも演奏旅行して、日本へ帰国後は、東京赤坂のサントリーホールで、日本フィルハーモニーのコンサートにバイオリンのソリストとして国内デビューした。その後、日本縦断演奏旅行をして、平成十四年三月三十一日には、東京新宿のオペラシティコンサートホールで開かれたバイオリンコンサートのソリストとして演奏して、大勢の外国人を交えた超満員の聴衆を感動の渦に巻き込み、会場総立ちの大拍手、大喝采を浴びた。このコンサートには、小泉総理も聴衆の一人として参加していた。彼が出したCD「歌の翼に」は販売枚数一〇万枚を越え、日本クラシック音楽界では異例の大ヒットとなった。「天才バイオリニスト川畠成道」の名は、今や日本国内はもちろん、世界を風靡するに至ったのである。一昨年彼は母親と共にテレビのインタビューに出演したが、その中で彼は、

「あのアクシデントがあったので、今のバイオリニストとしてのわたしがある。わたしはあのアクシデントに感謝している。」

と明るい表情で話していた。

この一文は、川畠成道さんのオペラシティコンサートホールでのバイオリンコンサートの

席上で配られた当日のプログラムを記したパンフレットの一ページに、写真入りで載っていた彼の略歴に基づいて、本書に紹介したものであるが、さらにもっと詳しくお知りになりたい方は、川畠成道氏ご自身が自叙伝として著《あらわ》した『僕は、涙の出ない目で泣いた。』(扶桑社刊)という本が出ている。

わたしが本書の中で、特に読者の皆さんに訴えようとすることは、世の中には、現象的に様々な障害を持った子どもが大勢いるが、いかなる障害を持った子であっても、その子の本性すなわち実相は神の子で、その子の内には、親が信じ切って伸ばしさえすれば、将来はいくらでも無限に伸びるその子その子の個性に応じた無限の才能が必ず潜在しているということである。それを信じて、引き出して、伸ばすのが、生長の家の教育法である。もちろんそれには子ども本人の努力も必要だ。努力しないでできることは、何一つない。けれども努力するためには、子ども自身が目的をしっかり持って喜んで努力するのでないと効果は乏《とぼ》しい。そこで必要なのが、何よりも子どもを信じる親の信念と明るい励ましである。

＊子どもはどの子もみんな天才を持っている

子どもはどの子も自分の中に、将来はいくらでも無限に伸びる素晴らしい天才を必ず持っている。天才のない子はただの一人もいない。

だがその天才は、潜在している力だから、現在はまだ形には現われていなくても、信じて引き出しさえしたら、必ずそのとおりに現われて来る。信じることと、引き出すことが必要となるのである。

また天才とは、学力優秀で名門大学をトップで卒業するのが天才なのではない。名門大学をトップで卒業することは、それはそれで大いにけっこうなことではあるが、こういうのは秀才とは言えるが天才とは関係がない。秀才と天才とは違うのである。天才は学力の優劣にはまったく関係がない。天才とは天賦《てんぷ》の才能を天才というのである。天賦の才能がまったくない子は一人もいないのだ。

だからどの子もが将来は無限に伸びる素晴らしい才能（これを天才という）を必ず持っているのだが、その天才がどの方向に伸びるかは、その子その子によって必ずしも同じではないのである。

たとえば桜の木は桜の花を満開に咲かせるのが桜の実相であり天才の発揮である。バラの木はバラの花を満開に咲かせるのがバラの実相であり天才の発揮である。これと同じように人間も兄弟姉妹や親子でも、生命にはそれぞれ個性がある。そして天才は個性を通して発揮されるものなのだ。将来学者になって天才を発揮する子もいれば、将来料理人になって天才を発揮する子もいる。将来スポーツ選手となって天才を発揮する子もいれば、画家や彫刻家となって天才を発揮する子もいる。そのほか、タレントとなって天才を発揮する子、ピアニストや歌手となって天才を発揮する子、美容師になったり、デザイナーになって天才を発揮する子、医者や看護師になって天才を発揮する子、小説家や漫画家で天才を発揮する子、将来天才を発揮するパターンは万人万様である。いずれが価値が高くて、いずれが価値が低いということはない。天才が発揮された結果は神において平等であり、いずれもその価値は最高である。

したがって、子育てをする親にとって基本的に大事なことは、現在目の前に形として見えている子どもの状態をもってその子の能力を評価するのではなく、その子の内に潜在している無限の才能すなわち天才の存在を確信すること、子どもが今、どのような現象的状態にあっても、その子の中には必ず信じて引き出しさえすれば、将来は無限に伸びる素晴らしいダイヤモンドが潜在していることを確信して育てることが、親がなすべき子育ての根本となるのである。この信念から出発する教育法が生長の家の教育法である。

3　教育は胎教から始まる

＊胎児には心の活動が始まっている

子どもは、肉体を備えて誕生したときに、初めて一人の生きた子どもとして生まれたのではない。もともと人間は肉体が人間ではなくて生命が人間だから、生命は永遠に生き通しなので、胎児は過去に何回も肉体人生を経験済みであると考えてよい。それは親も同じである。胎児によっては、親よりも肉体人生の経験回数が多い胎児もいるはずだ。

人間は誰でも、肉体人生↓霊界人生↓肉体人生↓霊界人生↓肉体人生と繰《く》り返し経験しながら生命は無限に生長を続けて行く。その途上で、現在の生命の進歩にもっともふさわしい環境を選び、親となる人を選んで胎児はその母親の胎内に着床する。だから胎児は無目的に母親の胎内に着床したのではなく、確実な目的を持って、神の使命を体《たい》して、母親の受胎と同時に母親の胎内に立派な一人の人間として生きているのである。それを知らない母親が、肉体がないうちは人間ではないと思って、平気で親の利己的なつごうで妊娠中絶をして知らん顔をする。それは法律には触れないものの、明らかな殺人である。胎児は母親の妊娠と同時に生きた人間として、次の肉体人生を経験するために必要な自分の肉体を、母親の胎内で、心の活動を通して造りつつあるのだ。

心の活動といっても、見たり、聞いたりする感覚を司《つかさど》る表面の心、現在意識は、肉体造りが完成して、頭脳と称する肉体部品ができ上がってからでないと活動しないが、生命の波長とも言える胎児の奥底の心、潜在意識は、胎児が母親の胎内に着床すると同時に活動し始めて、胎児の肉体造りに、プラス、マイナスさまざまな影響をおよぼしつつある。

ここで大事なのは、胎児は母親の胎内に生きているのだから、胎児の潜在意識は、母親の潜在意識と同調しているということだ。そこで妊娠中の母親の潜在意識が、いつも明るく安定していれば、胎児の潜在意識も安定しているから、胎児の肉体造りにプラスの影響をおよぼし、肉体造りが順調に進むが、もし母親の潜在意識が何らかの原因、たとえば夫婦間の不和とか、夫婦間でなくても、他の家族間との人間関係に著《いちじる》しい緊張状態が続いていたとか、あるいはその他の原因で、母親の潜在意識が暗く不安定になっていると、胎児の潜在意識も不安定になり、それだけ胎児の肉体造りにもマイナスの影響をおよぼすことになり、順調な肉体造りを妨《さまた》げることになりやすい。

母親の潜在意識が明るく安定している中で肉体造りを完成した胎児は、肉体造りを完了して新生児となって誕生してから健康優良で発育もよく、知的発達も早い優良児となるケースが多い。

反対に母親の潜在意識が暗く不安定な中で肉体造りを完成した胎児の場合だと、新生児となって誕生してから、健康的にひ弱であったり、神経質で癇《かん》が強い子であったり、人見知りが激しい子であったりするケースが往々ある。

これらのこととは関係なく、稀《まれ》に、胎児の生命が特に急速な進歩を遂げる目的で、何らかの特別な身体障害を持って誕生する場合があるが、この場合は母親の潜在意識には関係なく、生命が急速な進歩を遂げるためだから、もともと胎児の生命次元が高かった場合で、『五体不満足』(講談社刊)の著書で知られている乙武洋匡《おとたけひろただ》氏の例などが該当する。この例でも乙武洋匡氏の母親は、非常に明るい人で、わが子の重身体障害を、初めから障害と思わず「これはこの子の個性」と確信して育てた。その結果、彼は早稲田大学を卒業し、結婚もし、TBSテレビの「ニュースの森」のサブキャスターにもなり、ベストセラーと言われた『五体不満足』の著書も出版し、子ども向けの絵本も多く出版し、テレビにも出演し、現在二九歳にして五体満足な人を凌《しの》ぐ著名人になったのである。これも子どもに潜在している無限の才能を信じて疑わずに育てた乙武洋匡氏の母親の偉大な功績である。

最近は「胎教」の必要性が広く言われるようになってはいるが、初めての妊娠を経験する若い母親の中にも、誕生後の育児の仕方について積極的に勉強する母親は多いが、胎教について深く勉強しようとする母親は比較的に少ない。だから母体の健康と安全に注意を払うことは誰もがするが、潜在意識の安定が重要であることに気がついていない人が意外と多い。

妊娠中の母親は、特に夫婦が相互によく調和を保つことが必要で、さらに夫婦以外の家族間の人間関係をも円滑に保つように心掛けて、母親自身の潜在意識を明るく安定させ、毎日を感謝の思いで生活することが胎教の基本である。

わたしはここにもう一つ、母親が毎日胎児に話しかけることをすすめている。胎児に何を話しかけてもどうせ分からないだろうなどと思わずに、一日の中で何回か、できるだけ回数多く、明るい言葉を、今すぐ側《そば》にいる子に話しかけるように声に出して話しかけることだ。母親が話しかける言葉は、胎児の現在意識を通さずに潜在意識に直接ストレートにインプットされる。

「あなたは神の子。健康優良で素晴らしい子になって誕生するよ。」
と毎日暇あるごとに一日の中で何回でも話しかける。それを妊娠がわかった日から、その子が誕生する日まで毎日続ける。事実、毎日このように実行した母親がいて、その子が誕生したら、健康優良、発育優良で、言葉の発達が早く、立ち上がりや歩行その他の動作ができるようになるのも同年代の他の子どもより早くて、今は小学校の二年生だが、学校では成績優秀である。

＊幼児をテレビ漬けにして育てるのはよくない

最近よく見られることだが、一、二歳の幼児をテレビ漬《づ》けにして育てる若い母親が増えている。子育てにまだ不慣れで家事にも多忙な若い母親にとって、幼児が一人で大人しくテレビを見ていてくれることは、生活上便利な面もあるだろうが、これは幼児教育としては好ましいやり方ではない。

まず第一に、今のテレビの子ども向け番組には、幼児の心を育てるに足る内容の番組はほとんどない。そうかといって、大人向け番組を見せてもまったく意味がない。

第二には、子どもは幼なければ幼いほど、テレビの画面に近づいて見たがる習性がある。テレビの画面は、細かい粒子が飛びかい交錯《こうさく》して映像を映し出しているから、画面にあまり近づいて、それも長時間見入っていることはまだぜい弱な幼児の視力に有害である。現在の小学校低学年の児童に近視や乱視の子が増えつつあるのは、勉強のし過ぎではない。幼児の頃からのテレビの見過ぎであり、テレビゲームのやり過ぎである。

第三は、テレビを見る幼児の姿勢の問題である。今、小学校で児童の健康診断の一環として脊柱《せきちゆう》検査をすると、一年生の児童にも脊柱湾曲《わんきよく》症の児童が各クラスに三分の一程度いる。三〇人学級で一〇人ということだ。中・高学年になると五〇〜六〇パーセントいる。脊柱がS字型に湾曲している児童である。それが今すぐ重大な健康障害につながるものではないので、学校では検査結果を児童を通して家庭に通知はするが、特別な矯正処置はなく、姿勢を正しく保つ日常習慣をつけるようにすれば、子どもや若いうちならばたいていは自然に治る。幼児は背骨が柔軟なので、特に脊柱が湾曲しやすいのだ。脊柱湾曲は、前かがみに曲がるのではなくS字型に曲がるのだ。大人でもテレビを見るときに直立不動で見る人はまずいない。いわんや幼児が姿勢を真っすぐに伸ばしてテレビを見ることはほとんどない。中には寝転んで見ている場合もある。こうしたことが毎日、長い時間続くことは、近視、乱視や脊柱湾曲になる練習をしているようなものだ。それがすぐに重大な健康障害にはつながらないが、脊柱は人体を支える中枢部分だから、長年月湾曲状態を続けていれば健康維持には有害である。

幼児がテレビを見ていけないことはないが、毎日長い時間をテレビ漬けにして育てることは、幼児の心を育てる上からも健康管理の上からもよくないのである。

＊幼児にはよい本を多く読んで聞かせる

雅子妃殿下のお母様が、「小和田家の教育方針」として話されたところによると、雅子妃殿下のお母様は、幼児の頃の雅子妃殿下に、毎日必ず日本の昔話や、アンデルセン童話、グリム童話、宮澤賢治の童話などを、それこそ何度も何度も繰り返して読み聞かせられたということだ。

日本の昔話や、世界の名作と言われる物語の中には、幼児の感性を育て、幼児の心に道徳意識の芽生えを育てる教育的要素が多分に含まれているのである。イソップ童話などもその一つである。

幼児に母親が読んで聞かせる本は、長い物語である必要はない。絵と文が同じページに載っている物語の絵本でもよいのだが、絵と台詞《せりふ》だけしか載っていない漫画本ではなくて、物語の絵本であることが必要だ。低俗な漫画本や、残虐性や刺激性の強い漫画本を読んで聞かせたのでは、幼児の感性を育てるどころか、幼児の心を汚染させる結果になるから、漫画本を読んで聞かせることは無益有害である。

物語の絵本にしても、絵や文章の表現が粗雑で残虐性や刺激的表現のあるものは避ける必要がある。文章だけのものよりはページごとに絵が入っている絵本のほうが、幼児が三、四歳になって、一人遊びの中で、パラパラめくって眺《なが》めるのにも便利である。

幼児に本を読んで聞かせることの教育的効果は、ただ単に幼児の感性を豊かに育てることと、幼児に道徳意識の芽生えを育てることだけではない。毎日ある一定時間、母親の膝《ひざ》に抱かれて、間近に母親から本を読んで聞かされる経験は、幼児の心に母親の肌の温《ぬく》もりを感じさせる。「幼児からは肌を離すな」とは、幼児教育の金言《きんげん》である。それは決して幼児はいつも抱いていろということではないので、幼児には母親の肌の温もりを感じさせることを忘れるなという意味である。これを「感情移入の教育」という。幼児を育てるに当たっては、まず「感情移入の教育」から始めなくてはならないのである。

幼児に本を読んで聞かせることの、さらにもうひとつの教育的効果は、幼児の知的発達が促進され、言葉の発達が早くなることである。絵や文字への興味や関心が高まり、まだ文字が読めなくても、一人遊びのときに、前に母親から読んでもらった絵本のページを一人でパラパラとめくって、そこに描かれている動物や植物や人物を見て、その名前を独り言で言ったり、母親が読んでくれた物語の一節をセンテンスで言ったりするようになる。

こうして育った子が、やがて小学校に入ると、ひらがなやカタカナ、漢字などの理解度が早く、文字に対する抵抗が少なくなるから、本を読むことが好きな子になり、作文の表現力が優《すぐ》れた子に育つ。作文の表現力に優れた子は、会話の表現力にも富み、学年が進むにつれて思考力、判断力に優れた優秀児に育つことになる。

＊幼児の頃に心に受けた印象は人格形成の基盤になる

幼児とは、新生児から小学校入学以前までの子どもをいう。小学校一年生になると、幼児ではなくて児童になる。

「門前の小僧、習わぬ経《きょう》を読む」という古い諺《ことわざ》があるが、毎朝寺の門前の掃除をしている小坊主が、本堂で和尚が読んでいる経を聞くともなしに聞いていて、いつの間にか習いもしないのに経が読めるようになってしまうという意味の諺である。この諺は、幼児教育に極めてよく当てはまる。

幼児は模倣性が強い。幼児には見たことや聞いたことを自分なりに選択的にキャッチして判断し行動化しようとする。現在意識の発達が未熟だから、見たことや聞いたことの印象を無選択にそのままストレートに潜在意識にインプットしてしまうのだ。そしてそれが日常の幼児の生活行動の端々《はしばし》に習慣的に現われるようになる。これが模倣性である。

さらに、幼児の心に強く印象づけられるか、あるいは印象され続けた印象は、その後の児童期、少年少女期、そしてもっと先の大人になってからも、潜在意識に残存していて、物事の見方や考え方、事に処しての判断や行動を、善《よ》くも悪くも方向づけるベースになる。

幼児教育に特に重要な条件は、

第一は感情移入である。母親の肌の温もりを感じさせることを忘れないことである。

第二は日常生活の中で、親が幼児に与える印象の選択である。印象の選択は幼児にはできないから、親自身が幼児も含めた毎日の生活の中で、明るい印象や楽しい印象を幼児の心に印象づけるように心掛けることである。

第三は、幼児の模倣性を重視することである。親は、日常生活の中での自分達の発言や行動が幼児に模倣されると考えてよい。それが直接幼児に向かって言ったりしたりする発言や行動であってもなくても、幼児に真似されたほうがよい明るく建設的な発言や行動を心掛けることが必要だ。親の発言や行動が常にプラス思考的で明るければ、日常生活の中での親の発言や行動はすべて幼児の潜在意識にインプットされるので、幼児特有の模倣性で、知らず知らずのうちに親の発言や行動を真似るようになるから、その幼児は年齢が進むにつれて親の生活行動がその子の生活習慣になり、何事にも明るく前向きに対処できる素晴らしい子に必ず育つ。

これとは反対に、幼児に対しての直接発する発言や対応であってもなくても、日常生活の中での親の発言や行動が、暗くマイナス思考的な発言や行動であったりすると、それも幼児の潜在意識にインプットされて、幼児は親を模倣するから、それがその子の生活習慣になって、心配性で落ち込みやすい暗く消極的な子に育つ。

教育は胎教から始まるのである。

4　正しい人間観を育てる

＊人は誰でも肉体が自分ではなく生命が自分である

多くの人々は、肉体が自分だと思っているが、肉体は本当の自分自身ではない。肉体の中にいて、肉体の諸器官を操作し活動させて生きている生命が本当の自分自身なのである。誰でも自分のことを言うときは、「わたしは」と言う。けれども、自分の肉体のことを言うときには、「わたしの顔」「わたしの手」「わたしの足」と「の」を使って言う。この「の」という語は、文法上から言うと「所有格」を示す助詞である。外国語でも同じで、たとえば英語では、自分自身を言うときは「I《アイ》」と言うが、肉体のことを言うときは、「I《アイ》」とは言わず「My《マイ》」と言う。「My《マイ》」は、これも文法上からは「所有格」を示している。世界中のどこの国の国語でも、自分そのものを言うときには文法上の「主格」で表現し、肉体を言うときには文法上の「所有格」で表現する。国語学的に見ても、肉体が人間自身ではなく、肉体は人それぞれの所有物であることが分かる。

日本語では、古くから肉体のことを「からだ」と言うが、「からだ」という言葉は、「殻《から》だ」に通じる語で、肉体が人間そのものではなくて、「人間の殻だ」という意味を示唆《しさ》している。このことは、単に人間にだけ限ったことではなく、動物についても植物についても言えることである。インドのカルカッタ大学の生物学の教授であったイギリス人生物学者チャンダー・ボース教授は、鉱物も生物だと言っている。ボース教授は彼の著書の中で、「一般に鉱物が無生物であるように思われているのは、鉱物が生きていないからではなく、鉱物に現われる生命現象の現われ方が、他の動物や植物と比較して、遥《はる》かに微弱《びじやく》だからである」と論じている。

ボース教授の学説をそのまま採《と》るならば、この世界のすべてのものは、生命の現われであることになる。太陽も星も月も地球も山も大地も水も空気も、ことごとくが生命の現われだということだ。これらの生命の根源となる生命、これを称して世界中の人々は等しく神と呼ぶのである。宗教は、個々の宗教によって神にその宗教独特の名称を付けるから、宗教ごとに異なった固有の神が別々にあるように考えて、それが宗教の争いの原因になるのだが、それは間違いである。神とは、宇宙の至るところに隈《くま》なく満ち満ちている生命の根源となる生命であり、宇宙そのものの創造主であり、太古の昔から、二十一世紀の現代に至るまで、さらには未来永劫《えいごう》に向かって宇宙の万物をかくあらしめ、生きとし生けるすべての生命を生かしているところの英知であり、法則であり、真理であり、愛である無形無相の神秘な力、個々の生命の大元である生命が神なのである。したがって、生長の家では神を宇宙大生命と呼ぶ。

そして地球上にはあらゆる種類の生命が生きているが、その中でもっとも生命次元の高い生命、すなわち人間生命は、全智全能の神の生命がそのままに肉体という形を備えて個別に現われたのが人間生命であって、その生命そのものである本当の人間、本当の自分自身を「神が個別に現われたもの」という意味で、「人間は神の子（神の個）」というのである。生命そのものである本当の自分が、大人も子どもも男性も女性も本当の自分で、それが人間の実相である。この実相の自分が「神の子」なのである。これが正しい人間観である。

だから、教育は本来、学校教育でも、家庭教育でも、社会教育でも、まず最初に「肉体が自分自身ではなく、生命が本当の自分自身だ」と、正しい人間観をわからせるところからスタートしなくてはならないのである。それは宗教と無宗教には関係がない正しい人間観なのである。

＊人生はマイカーに乗ってドライブすることである

人生は、マイカーに乗ってドライブしているのと同じである。車は肉体であり、車の中にいて車を運転している生命である運転者が自分である。子どもは誕生すると、新車である新しい肉体の中に乗って、早速人生のドライブを始める。運転の仕方をコーチするのは親である。親のコーチが上手であれば、新米《しんまい》運転者である子どもは、無事故無違反の優良運転者に育つだろうが、親のコーチの仕方が下手なら、新米運転者はハンドル操作を誤ったり、アクセルとブレーキを踏み間違えたりして、走ってはならない横道に車を突っ込んだり、事故を続発して、他人にも迷惑をかけ、自分の車もガタガタにする。同じコーチされるのにも始終《しじゅう》、

「お前の運転は下手クソだ。そんなことでは上達の見込みがない。」

とか、

「お前みたいな下手な運転は見たことがない。」

などと、けなされてばかりいたのでは、新米運転者は、自信を失い、運転する気を失って

しまう。コーチである親は、いつも運転練習生である子どもに、
「あなたは神の子、どんな凸凹《でこぼこ》道でも、どんなに急な山坂でも、上手に運転できる素晴らしい腕の持ち主だから絶対大丈夫。」
と自信を持たせ、勇気づけるように、明るい言葉で励ましてやらなければならない。これが上手なコーチである。

運転者が運転が上手であればあるほど、マイカーも故障が少なく、長持ちするだろうが、それでもマイカーは運転者自身ではなく、あくまで運転者の所有物であり物体だから、新車のうちは、快適なドライブを続けられるだろうが、やがて車が老朽化して来れば、故障も起こりやすくなり、しまいには修理不能になる。するとスクラップ工場に出されてスクラップされてなくなる。車が廃車になってスクラップされてなくなってしまっても、運転者はいなくなってはいない。運転者は廃車したマイカーを降《お》りて、車なしで健在でいる。そしてまた次の新車を購入する必要があれば、カタログを調べて気に入った新車を購入して、また次の快適なドライブを続ける。

これとまったく同じことで、マイカーである肉体も、長年月使えば、人によっても多少の長さは異なるが、結局は消滅する。けれども肉体が消滅したら、人生はそこで終わりではな

い。車が廃車になっても運転者は元気で、車なしで生きているように、肉体が消滅しても、生命である自分は、そのまま今度は霊界で肉体なしの生活をしばらくは続ける。その間にも生命は生長する。やがてまた肉体が必要な時期になると、その時点での生命の生長に必要な環境を選び親を選んで、その時点で自分にふさわしい母親の胎内に着床し、改めて肉体造りをして新車の肉体を完成すると、また新車の肉体に乗って、次の人生ドライブを始める。以下これを永遠に繰《く》り返す。だから人間は生命が自分であり、生命である自分は肉体の消滅には関係なく生き通しで、人生は永遠に繰り返しになるのである。生命生き通しも、本当のことだから、子どもに教える必要がある。それは、生命尊重の教育につながる。

子どもには、子どもが幼い頃から、

「からだはあなたの持ち物だから、いつも清潔にして大事に使わなくてはならないが、からだがあなたではなくて、生命《いのち》があなただよ。」

と子どもとの日常会話の中で、事改めてではなく、さり気なく、おりに触れ、ときに触れて繰り返して話して、子どもの正しい人間観を育成することが、子育てには大切なことである。

5　子どもが持つ五つの欲求を知る

＊子どもにはどの子にも共通した五つの欲求がある

幼児であっても、小・中・高校生であっても、どの子にも共通した五つの欲求がある。その欲求とは、①愛されたい、②認められたい、③ほめられたい、④役に立ちたい、⑤自由になりたい、の五つである。よく考えると、この五つの欲求は必ずしも子どもに限らず大人でも同じであろうと思える。いわば人間共通の欲求とも言えるだろうが、教育では、特に子どもが持つ共通的欲求として重視されている。

学校教育の場合には、教師は児童生徒に対しては第三者であるから、比較的冷静な立場に立てるので、子どもが共通して持っている五つの欲求を指導することができやすいが、家庭となると、親は子どもが自分の分身という気持ちが強いあまり、どうかすると子どもが持つ欲求以上に、親自身が持つ欲求を、子どものためと思って押しつけている場合が往々ある。そこから親子の人間関係に歪《ひず》みが生じ、子どものためにと思ってしたことが、逆に子どもをストレス過剰《かじょう》に追い込んだり親への反抗心を植えつけたりする結果になって、子どもを非行化へ押しやることになったりもする。

事実、ここ十数年来、中学生、高校生が起こす少年少女の非行や家出や殺人等の原因の六五パーセントは、いずれも子どもが持つ五つの欲求のどれかが、知らずに満たされていなかったか、無視されたかによる親子関係の歪みから生じた悲劇である。五つの欲求が満たされて育っている子は、多少の揺れは途中にあっても、どの子も間違いなく確実に、明るく前向きで心身ともに健全な青少年少女に必ず育っているのである。

＊第一の欲求「愛されたい」

「愛されたい」と思わない子はただの一人もいないし、わが子を愛していない親も普通では一人もいない。中には最近は親による幼児虐待という事件もあって、社会問題になっているが、これなどは生命生長のために自分を親に選んでくれた子どもへの裏切り行為で、親としというより、人間失格の、神を冒瀆《ぼうとく》する重大犯罪であって、本書が論ずるに足らぬ例外中の例外である。

わが子を愛さない親はいないが、愛は表現しないと伝わらないものなのである。愛は言葉で表現し態度で表現しなければならない。恋愛でも愛を言葉や態度で表現しなければ恋愛は成立しない。それは親子でも夫婦でも同じである。表現しなくても当然相手はわかっているだろうと思うのは、そう思う側の思い上がりである。

教育には厳しさも必要で、ただ優しければよいというものではないが、厳しく育てさえすれば善い子が育つと思うのは迷信である。統計的に見て、非行少年少女がもっとも出やすいのは、親が子どもの勉強や躾《しつ》けに厳し過ぎる家庭である。それとは反対に、何でもかんでも自由自由で、子どもが欲しがる物は必要不必要に関係なく何でも買い与えたり、善悪の見境《みさかい》なく、やりたい放題したい放題に放任している家庭にも非行少年少女が出やすい。放任は教育ではない。

人間は神の子だからといって、教えることもしっかり教えず、させるべきこともしっかりさせず、してはならないことも放任していたのでは、その子本来の実相である神を、現象面に引き出すことはできない。子どもの中の神を引き出すのが生長の家の教育法であるから、時と事と場に応じた子どもへの的確な対応ができることが、子育ての大事な条件となるのである。その大事なひとつが、子どもへの愛情表現である。

愛情表現は母子密着ではできない。幼児は母親の肌の温もりを十分に感じさせなくてはならないが、それと並行《へいこう》して、幼児といえども、子どもが自分でできることは、下手でも自分でさせるように仕向けなくてはならない。たとえば衣服の着脱にしても、いつまでも親が腕を通してやったり、シャツのボタンをかけてやったり、ズボンをはかせたり脱がせたりするのはよくないということだ。自分が使った玩具は自分で片づけさせる。自分で紛失したものは自分で探させる。親はどうするかというと、探していないふりをして、子どもには見られないように秘かに親も探してみる。もし親が先に見つけたら、

「ここにあったよ。」

と言ってはだめで、これも子どもに見られないように、わざと子どもが発見しやすい場所に置いて、知らん顔をしていることだ。そして子どもが見つけたら、

「あった？　よかったわね。××ちゃんって探し方上手ね。今度ママが何かなくしたら一緒に探してね。」

と紛失した事は責《せ》めずに発見したことを大いに評価してやることだ。それで子どもは万一

紛失した物を自分で探すことに自信がつく。子どもに自信をつけることが、子どもの実相を引き出す教育法につながるのだ。何かに子どもが失敗しても、失敗を叱《しか》ったり責めたりすることはしないで、正しいやり方を教えて、「次には必ずできる」と一言、自信と勇気を与えることが必要だ。万事このようにして、まず教えて、次には必ずさせる。うまくできなくても、責めたり、叱ったり、けなしたりせず、またやり直させて、できたら評価する。二歳児の後半または三歳児から始めてよい。

次には、これは幼児も、小・中・高校生も同じだが、子どもとの会話を大事にすることだ。親からの指示、叱責《しっせき》、説教は会話の内には入らない。子どもとの雑談を大事にすることが必要である。特に子どもからの話しかけをいつも歓迎して、親には興味のないつまらない話やくだらない話でも、とにかく子どもの話をよく聞いてやれる親であることが大切だ。一方通行の話では会話にならないので、会話は言葉のキャッチボールでなくてはならない。子どもと冗談も言い合えて、子どもを笑わせたり、親も大笑いしたりできる親子の会話が大切だ。

幼児や小学生の子が親に話しかける幼稚な話でも、頭からけなしたり、馬鹿にしたりせず、何でも子どもが言うことは、一応は肯定的に聞く。その上で必要なアドバイスは的確にかつ手短かにすることだ。せっかく子どもが楽しく話しかけて来た話を、うるさがったり、けなしたり、説教に取って代わられたのでは、子どもは親と話したがらなくなる。

「まじめな親ほど子どもを暗くする。」

という言葉があって、親がまじめなことはよいことではあるけれども、とかくまじめな親は、子どもの話相手になるよりも、親の要求を子どもに押しつけたがる傾向が強かったり、「こうしてはいけない」「ああしてはいけない」とか、「こうしなければいけない」、「ああしなければいけない」と、子どもを束縛《そくばく》する傾向があるから、子どもを暗くするのである。

子どもも高校生になれば、ボーイフレンドもできるし、ガールフレンドもできるだろうが、そんなとき、親がすぐ神経質になって、必要以上の干渉をしたがることは、わざわざ子どもを不純異性交友へ追いやるようなものだ。そんなことをするよりも、幼い頃から子どもが安心して何でも親に話せるような明るく温かい親であれば、子どものほうからボーイフレンドの話も、ガールフレンドの話も、自分からして来る。

子どもから親にボーイフレンドのことでもガールフレンドのことでも、また友達のボーイフレンドのことでも、ガールフレンドのことでも、安心して愉快《ゆかい》に話せるような子どもは、むしろ健全で、間違いは絶対に起こさない。子どもが高校生になっても、何でも開《あ》けっ放しで、明るく愉快な親子の会話がよくできている家庭は、親の愛情表現がよくできていて、親子の心の交流が円滑である証拠で、たまには親子ゲンカの一つや二つあっても、親子関係は満点である。このような家庭からは、非行少年少女は決して出ない。

親の愛情表現に、もうひとつ重要なことは、兄弟姉妹を比較評価してはならないということだ。兄には兄、弟には弟、姉には姉、妹には妹の、それぞれの個性がある。だからそれぞれに得意なことも苦手なこともあって当然である。学校は集団指導の場であるから、集団指導には比較評価はあるのが当然だが、家庭は集団指導の場ではなく、仮に兄弟姉妹が何人いようとも、一人々々の子どもに対する完全な個別指導の場なのである。だから仮に姉は学校で成績優秀だが妹は成績がさっぱりというような場合、姉の成績優秀を引き合いに出して妹に、

「姉さんは勉強をよくしていて成績も優秀なのに、あなたはちっとも勉強しないからこんな成績しか取れない。少しは姉さんを見習いなさい。」

などというような発言は、絶対にしてはならないのである。これを兄弟姉妹の比較評価という。親のほうでは妹を励ますつもりで言ったのであっても、それは妹を励ましたことにはならない。こういうことが続くと、低く評価された妹のほうは、姉は親に好かれているが自分はだめな子で親から嫌われていると思うようになる。親にはもちろんそんな気は毛頭なく

ても妹のほうはそう思うのだ。「親の心、子知らず」ということにもなるが、反対に「子の心、親知らず」ということもあることを、知らなくてはならない。こういうときには、姉を引き合いに出さなければよい。姉には姉に、

「あなたにはこういう優れた点がある。それを生かして、将来何になりたいかを、自分でしっかり決めて、頑張りなさい。」

妹には、姉とは別に妹に、

「あなたはこういうよい面を持っている。それを大事にして生かし、将来は何をしたいかを自分でしっかり決めて、その目的に向かって頑張りなさい。」

と、それぞれの善《よ》い面、優れた点を指摘《してき》して、それぞれの子どもが、夢を描くことができ、自信と勇気を持って、それぞれの方向に、姉は姉、妹は妹でやる気を起こせるように個別に励ますことが大事なのである。決して姉も妹も、同じことを同列にやらせようとしてはならないのだ。

子育ては、あくまで子どものための子育てであって、親のための子育てではない。それは結果的にはそうもなるのだが、あくまで結果であって目的ではない。子どもを愛して育てれば、子どもは人を愛する心の豊かな人間に育つ。愛は兄弟姉妹一人々々に公平平等でなくて

はならないのである。

　また親の好みの型に子どもをはめ込もうとしてはならないし、親の一方的期待を子どもに押しつけてもならない。親の世間的プライドを満足させてくれる子に育てようとしてもならないのである。

　この三つは「してはならない間違った子育ての仕方」であって、これを「親のための子育て」という。どの親も「子どものための子育て」をしているつもりでいることは間違いないだろうが、気がつかずに「親のための子育て」になっている場合がある。愛情表現が不足していたり、表現の手段が間違っていたりすると、「愛されたい」との子どもの第一の欲求が満たされず、「自分は親に嫌われている」と思うようになったり、「自分はだめな子だ」と、自己劣等感に陥って親への信頼感を失う結果になったりするから、十分愛して育てているつもりであっても、それが「子どものための子育て」より「親のための子育て」になっていないか、事ごとによくチェックすることが大切である。

＊第二の欲求「認められたい」

前項で述べた兄弟姉妹の比較評価をしてはならないということも、一人々々の子どもが持つ第二の欲求に関係がある。子どもの話をよく聞くということも、この第二の欲求と関連がある。以下第三、第四、第五の欲求は、第一の「愛されたい」の欲求の具体的中身であり、具体的教育手段であると考えてよい。

「認める」ということは、それぞれの子どもが持っている善い面や優れた点を、一人々々に認めることだ。認めて、それを言葉に出して言って、子ども自身に、自分にはこういう善い面があり、優れた点があったのだと気づかせることが「認める」である。

高三で大学受験して、受験した大学が全部不合格になって、一浪してまた受けたらまた不合格で、二浪目に入っている女の子から相談を受けた。そこでわたしは彼女と直接面談した。彼女の話によると、今年は二浪目で、もうこれ以上浪人を続けることはできないから、どうしても今年は合格したいのだが、そのつもりで勉強を始めるのに、ファイトが湧《わ》かなくて、始めるとすぐ眠くなってしまうのだということだ。

「それからどうする?」

と聞いたら、

「目が覚めるとまた勉強を始めるのだが、もう夜半になってしまって午前三時頃まで勉強して、それからベッドに入ると、今度は朝目が覚めなくて、目が覚めると九時半か十時頃になって予備校に遅刻する。」

と言う。

「どうせ眠くなってできない勉強なら、夜の勉強はやめて、さっさと早く寝ちゃったらどうか？　そしたら予備校は遅刻しないで済むだろう。」

と話したら、

「そうすると家で勉強する時間がなくなって、提出する予備校の課題ができなかったり予習ができなくなる。」

と答えた。

「それで今は予備校が出す課題も提出できて、予習もできているのか。」

と聞いたところ、

「それができていないので困っている。」

と言う。この相談は、はじめは母親から来たのである。

「去年も落ちて今年もまた落ちて、もう二浪しているのに勉強する気がなくてちっとも勉強しない。こんなことでは今年もまた落ちるに違いない。どうしたら少しは勉強するようになるだろうか。」

　という相談だった。

「子どもは大学へ行きたいのか行きたくないのか。」

　と聞いたら、

「本人は行きたい気はあるのだが、そのくせ勉強する意欲がないので、困っている。」

　という話だ。これは電話での会話である。

「それでは直接本人に会って話を聞こう。」

　というので、本人との直接面談になった。

　話しているうちに、いろいろなことがわかった。彼女は性格的には非常に明るいが、受験に対しては暗いのだ。まず高三で大学受験に失敗したこと、続いて一浪してまた失敗したことが、彼女の受験に対する自信を失わせている。大学に入りたいとは思っているし、勉強しなくてはならないとも十分思ってはいるのだが、予備校に行っても、予備校から帰って勉強しようと机に向かっても、そのつど彼女の潜在意識には、過去の二回の失敗の記憶が心象《しんしょう》となってがっちり描かれていて、その記憶心象が、彼女の現在意識に浮かび上がって来るのだ。それが障害になっていることがわかった。

大人でも子どもでも同じだが、人は誰でも表面の心、現在意識で外界から情報とそれにともなう印象をキャッチする。自分が見たもの聞いたこと、読んだもの、それと自分が経験したことは全部情報である。情報には必ず何らかの印象をともなう。その情報と、情報にともなう印象は、それがプラスなものであろうとマイナスなものであろうと、そのまま奥底の心、潜在意識にインプットされる。

人間の潜在意識には考える力はなく、過去からの記憶の倉庫のようなもので、そこには過去からのプラス、マイナスさまざまな記憶が一種の映像となって保存されている。これを「記憶心象」という。そのもう一つ奥に本物の自分、生命そのものである実相の自分、神性仏性である神そのままの無限才能、無限力の自分があるのだ。

記憶心象とは、潜在意識に描かれた自己像をいう。ある事について、潜在意識の記憶心象がマイナスになっていると、次に現在意識が同じことをしようとするときになって、そのことに関するマイナスの記憶心象が、現在意識に浮かび上がって来るのである。これを潜在意識のフィードバックという。

すると人間の現在意識には、潜在意識からフィードバックして来た記憶心象のパターンの範囲内でだけ判断し行動しようとする習性がある。彼女の場合は、過去の二回の受験失敗の経験から、彼女の潜在意識に、受験に失敗する自己像が、記憶心象となって鮮明に描かれているのだ。その記憶心象のフィードバックが、現在意識の「勉強しよう」とする思いを妨害して、勉強し始めると眠くなったり、何となく意欲が湧かなかったりしてジレンマに陥ることになっているのである。このままだと今度の受験もまた彼女は失敗する。彼女の潜在意識をプラスに転換させなくてはならない。

そこでわたしは彼女に、

「あなたは勉強を始めるとファイトが湧かなくてすぐ眠くなると言っているが、それでいて目がさめると、また勉強を始めて午前三時頃まで頑張れるというファイトはたいしたものだ。午前三時まで勉強していたら、翌朝目が覚めないのは当たり前。それに高三で受験して、一浪してまた受験して、また二浪で受験しようとしているあなたの粘《ねば》りもたいしたものだ。あなたは勉強してないどころではない。大変な猛勉強をしている。ただ勉強の仕方をちょっと工夫すると、少ない時間でもっと効率を上げることができる。まず『今年はどうしても合格できなかったら困る』という思いをおやめなさい。受験というものは、スポーツの試合と同じものだから、勝つこともあれば、負けることもあるが、『負けたらどうしよう』と思うことは間違いだ。オリンピックの選手でも、負けることを予想して試合に臨む選手はいないので、『必ず勝つ』と信念を持って試合に出て、結果は勝っても負けても、落ち込まずに、次の目標に向かってまた前向きに努力する。そして最後には金メダルを獲《と》ることもできるのだから、あなたも受験の合否はどうでもよいと考えて、心をリラックスさせて、しかしやることだけは『必ず合格できる』と、いつも自分で自分に言い聞かせながらしっかりおやりなさい。勉強の仕方も、夜半十二時過ぎの勉強は、神経を疲れさせるだけで効果は低いからやめて、予備校から帰ったら、すぐ机に向かうのではなくて、少しのんびり休憩して、見たいテレビも見て、それから勉強を始めて眠くなったらさっさと寝る。そして十分な睡眠を取って翌朝さわやかな気分で目覚めて予備校へ定刻に出たほうが、授業も全部聞けるし勉強効率は遥《はる》かに上がる。朝目が覚めたらベッドの中で、『わたしは志望大学全部必ず合格する』と心の中で五回繰り返し唱えてから起き上がりなさい。予備校へ出かけるときも、『きょうは行ったらきっといいことがある』とまた心の中で唱えながら行きなさい。そして、その日特別にいいことがあってもなくても、翌日もまた同じように唱えながら行きなさい。夜は毎晩ベッドに入ったら、『わたしは志望大学全部必ず合格する』と夜は一〇回、心の中で唱えながら眠るようにしなさい。一〇回まで唱え切らないうちに眠ってしまったら、それでもよい。」

と毎日欠かさず実行するように話した。

彼女はその日の夜から早速実行し始めた。そのうちに予備校でテストがあった。彼女はその日も、「きょうは行ったらきっといいことがある」と心の中で唱えながら予備校へ出かけたのだが、たまたまその日テストの二〇分ほど前に、近くにいた友達に、きょうのテストの範囲の中で、わからない部分を聞いたところ、その友達は優秀な友達で、彼女のわからない部分を丁寧に教えてくれた。

ところが、テストが始まったら、今しがた彼女が友達に教えてもらった部分だけが出題されたのだった。当然彼女のテストは抜群な高得点だった。このことがきっかけで、彼女は受験勉強に自信がついた。もちろん彼女の予備校の成績は上昇し始めた。居眠りしながらの夜半過ぎの勉強をやめて、十分睡眠を取って朝は精神さわやかに目が覚めるようになったから、予備校の講義もよく消化できるようになったのだ。

いよいよ受験が近づいた頃、わたしは彼女に、「試験場に入って答案が配られたらすぐ書き始めず、ほんの一〇秒か二〇秒、目を閉じて、心の中で、『わが内の内なる神よ、無限の力湧《わ》き出でよ』と三回唱えてから答案を書き始めなさい」と教えた。「そうすると、あなたの潜在意識が安定して、答案ミスもなくなるし、そのとき忘れていた答えを思い出す場合もあって、合格しやすい条件が整う。面接の前にも順番を待つ間、これをおやりなさい」とも教えた。

三月になって、彼女から次のような礼状が届いた。

「木原先生　ありがとうございました。先生に教えられた祈りを続けたおかげで、試験の日も落ち着いて受けることができました。やっと苦しかった浪人生活からぬけ出すことができました。日本史の問題などは、前の日に見直したところが全部そっくりそのまま出ました。わたしもびっくりしましたが。

二年続きの浪人で、自信もなくていちばん苦しかったときに先生に出会えて本当によかったと思っています。お母さんもとても喜んでくれました。受けた三つの大学の三つとも合格できました。先生に教えていただいた人間・神の子・無限力、大学に入ってからも忘れないように、いつもしっかり心に持って楽しく明るくがんばって、わたしの夢の実現にがんばりたいと思います。ありがとうございました。また先生とお会いしたいです。これからもよろしくお願いします。」

結果は彼女は三大学を受験して、三大学とも見事に合格したのである。

子どもは自分の価値を認められたとき、意欲づくのである。認めるとは、神の子・人間の本当の子どもの価値を、子ども自身が見失わないように、認めることと励ますことである。

親が多忙であったり、子どもに無関心でいたりすると、日常生活の中での、ちょっとした子どもの善《よ》い面や優れた点を見逃す場合が多いが見逃さずに認めることが大切だ。

＊第三の欲求「ほめられたい」

最近は学校教育でも、児童生徒を叱《しか》るよりもほめることのほうが教育的効果があると一般的に言われている。生長の家の教育法も、ほめることを大いに推奨《すいしょう》する。事実、大人でも職場でもどうにも役に立たないグウタラ社員が、たまたま何かで上司からほめられたら、俄然《がぜん》やる気が出て仕事に頑張るようになり、一年後には優秀な社員になったという例もある。反対に、もともと優秀だった社員が、新しく配属になった上司と気が合わなくて、事ごとに文句ばかり言われていたら、しだいに仕事に意欲を失って、仕事の上でもミスが増えて来たりしてダメ社員になり下がったという例もある。ほめることは、大人でも子どもでも、意欲の刺激になるのである。

ほめることは、信号でいえば「Go」であり、車にたとえるなら、アクセルを踏むことである。一方、叱ることは、信号でいえば「Stop」であり、車にたとえるならばブレーキを踏むことである。赤信号を出しておいて、車を前へ走らせるのは違法である。ブレーキを踏みながら車を前進させることはできない。

だから、子どもの勉強でも、ピアノやその他の稽古事でも、子どもを伸ばすには、子どもをほめなくてはならない。叱って伸ばすことはできないのだ。子どもは「ほめられたい」欲求を、幼児ばかりではなく、小・中・高校生でも、大学生の子でも持っているから、「ほめられたい」欲求が満たされたとき、子どもは意欲づくのである。

子どもは「ほめたら善くなる」と考えるよりも、「ほめられたら、ほめられたことが伸びる」と考えるほうが正しい。したがって、ほめるといっても、わけもわからず何でもかんでもただほめさえすればよいというものではない。子どもをほめるには、「ほめどころ」というのがあって、ほめどころを間違えてほめれば、ほめて子どもをだめにする場合もある。子どもに追従《ついしょう》するようなほめ方や、甘《あま》やかしになるようなほめ方をしてはならない。

それでは、子どもは叱ってはならないのかというとそうではない。子どもは、ほめることも必要だが、叱ることも必要である。ほめることと、叱ることについては、後の章で詳しく述べるが、ここでは子どもにはどの子にも共通した「ほめられたい」という欲求があるということと、それは子どもの基本的欲求の一つであるから、子育てをするに当たっては、子どものほめられたい欲求を十分に配慮して子育てをすることが必要だということに留めておく。

また、ほめられたいという欲求は、兄弟姉妹がある場合には、どの子にも公平に分配されなくてはならないもので、親の好みや感情で、ある子どもはよくほめるが、ある子どもはまったくほめないということは、絶対にあってはならないことを付け加えておく。

＊第四の欲求「役に立ちたい」

「人間」という語は「人の間」と書く。人間は、人と人との間に立って、相互のかかわり合いの中で生きているのである。また「人」という字も「ノ」と「乀」との二本の画の支え合いで組み立てられている。人は誰でも、肉体を備えて誕生した初めから、将来多くの人々や社会のために役立つ神の使命を持って生まれて来ている。したがって、「役に立ちたい」という欲求は、生命本来の欲求なのだ。

そこで親は、その子が将来大人になって社会に出たときに、自分も生かし他人《ひと》も生かすことができる立派な人間に育てるために、幼児の頃から、子どもが内に持っている「役に立ちたい」欲求を満足させるように導く子育ての仕方が大事である。そのためには、子ども自身が、「自分は誰かの役に立てた」という満足感を感じさせる場をできるだけ多く設定することが必要だ。設定するといっても、何か特別な場を設けることではない。ごく普通の日常生活の中で、子どもに何かを頼んだとき、子どもがそれをしてくれたとき、必ず一言、「有難う」と言ってやることだ。

「そこの広告持って来て。」

と言って、子どもが持って来たら、黙って受け取らないで「有難う」。

「新聞持って来て。」

と言って、子どもが持って来たら、

「そのテーブルの上に載せといて。」

ではなくて「有難う」。

小学生や中学、高校生になって、学校から家庭宛に出された通知のプリント類を、子どもが親に渡したときも、当然だというような顔をして受け取らないで最初に一言「有難う」。

こういうことが習慣化されると、子どもの「役に立ちたい」欲求を満足させるだけでなく、子どもに感謝する心を育てることになる。それと同時に子どもの心に家族の一員としての自覚が育つ。

ある女子中学生の母親が、その女子中学生の子が、学校へ持って行った空《から》になった弁当箱を鞄から出して母親に渡したとき、その母親は、

「台所へ置いときなさい。」

と言わずに、

「有難う。台所へ置いといてね。」

と言った。この母親はいつもそう言う。最初の頃は、その女の子は毎日母親に作ってもらった弁当を学校で食べて、帰宅すると空《から》になった弁当箱を鞄から出して黙って母親に渡す習慣になっていたのだが、母親の「有難う」が始まって、ひと月ほど過ぎたら、子どものほうから、

「ママ、お弁当有難う。」

と言って、空《から》の弁当箱を母親に渡すようになった。それでも母親は受け取るときは必ず、

「有難う。台所へ持ってってといてね。」

だった。するとそのうち今度は子どもが、

「ママ、お弁当有難う。あたし台所へ持ってって洗っとくね。」

と言って自分で台所へ持って行って、きれいに洗うようになった。

「女の子でしょ。自分が食べた後の弁当箱ぐらい自分で洗いなさい。」

と叱《しか》りつけて、しぶしぶ洗わせるのとは、子どもの心の育て方が格段に違う見事な母親の教育法である。これが「生長の家の教育法」である。

＊第五の欲求「自由になりたい」

子どもの第五の欲求「自由になりたい」は、何でもかんでも自由にさせるというわけには行かない。少なくとも最低、「人に迷惑をかけること」と、「自分の身体生命に危険がおよぶ恐れがある」と思われることは、幼児でも、小・中・高校生でも、絶対にさせてはならない。子どもがこの二つに該当することをしたとき、またはしようとしたときは、どんなに厳しく叱《しか》ってでも、絶対にさせてはならないのである。

○人に迷惑をかけることは絶対にさせてはならない。
○自分自身の身体生命に危険がおよぶ恐れのあることは、絶対にさせてはならない。

これは親の責任である。

かつて、幼い男の子が、ビルの回転ドアに巻き込まれて圧死した事故があった。このときその子は、一緒にいた母親から離れてビルに向かって走り出し、回転ドアに巻き込まれて事故が起こったのであった。事故後、世論は事故の原因を、ドアの構造や、センサーを稼動《かどう》させる装置の高さにあったとして、マスコミも大きく取り上げたが、もしあのとき、母親もすぐに走って子どもを追いかけ、

「危ないから走っちゃだめよ!!」

と子どもを抱きかかえて子どもが走るのを止《と》めていたら、あの事故は未然に防ぐことができたのである。

「自由になりたい」子どもの欲求を満たすのは、子どもを親の好みの型にはめ込もうとしたり、親の期待を子どもに押しつけてはならないということである。表面は、わが子のためにと言いながら、内心は親自身の名門校志向で、子どもを勉強に縛《しば》りつけるのも、子どもの「自由になりたい」欲求を妨害《ぼうがい》し束縛《そくばく》する親の迷妄《めいもう》である。教育熱心と言われる親ほど、この間違いをおかしやすい。

中二男子の一人息子の家庭内暴力の問題で、母親から教育相談の手紙が来た。それは、極

めて最近のことである。父親は名門国立大学を出たエリートで、母親も名門女子大を出た才媛である。両親は揃《そろ》って教育熱心で、一人息子に、幼稚園児の頃から英語を習わせ、ピアノを習わせ、小学校入学後は、一年生から学習塾に通わせ、家庭教師も付け、それに英語とピアノを習わせているから、まさに驚異的な教育一家であった。その甲斐《かい》もあって、その子は小学校では成績優秀だった。小学校六年生で中学受験をして、名門私立中学校に合格した。そこまではよかったのだが、中二になったら不登校が始まった。一人息子が名門中学校に入って喜んでいた両親は、夢にも思っていなかった息子の不登校に動転した。不登校といっても、はじめのうちは頭痛がするとか腹痛だとか言って、ときどき欠席していたのがしだいに回数が増え、週に二、三回欠席するようになって、心配した両親は母親がつき添って病院で診断してもらったが異常はなかった。そして不登校になった。両親には息子が不登校になった原因が思い当たらない。電車通学の私立中学校だから、地域の公立中学校と違って学校での様子が親には把握《はあく》できにくいが、特にいじめとか、何か特別なことがあった様子も形跡もない。病気でないことは確実だ。

　小学生の頃には健康そのものでほとんど無欠席、家に帰ると塾に英語にピアノに家庭教師と、中一までオール勉強パターンで通して来た息子が、塾にも行かなくなり英語もピアノも拒否して、学校は不登校で、残るは家庭教師だけ。その家庭教師も、肝腎《かんじん》の本人がさっぱりやる気がないものだから、家庭教師のほうが愛想をつかして辞任してしまった。

何とか元の優秀児のパターンに戻したいが、せめて学校だけはと必死の両親が入れ替わり立ち替わり、おどしたりすかしたりして、説得に懸命になっているうちに、家庭内暴力が始まった。母親に金を要求し、断ると暴力をふるう。物をこわす。窓ガラスをバットで叩《たた》き割る。壁面に穴を開ける。

「ピアノなんか要《い》らねえ!!」

とピアノもバットで叩きつけて破損させる。

「てめえ!!」

と、わめいて母親を突き飛ばす。

小学校時代の優秀児は、一転して名門中学校の不良生徒になり変わった。かつて『積木くずし』という本が、父親の手記として出版されて、多くの人々の関心を集めたことがあったが、『積木くずし』と同じ事態が再現したとも言える状態だ。

『積木くずし』の当時は、中学生や高校生の子の親に対する家庭内暴力がピークの時代だったが、その後しだいに減少して来て、今では、『積木くずし』のような問題現象は、全然ないわけではないがほとんどなくなっているはずなのである。

もし万一、何らかの原因で起こったとすれば、それは家庭内暴力などという程度のものではなく、いきなり殺人事件になる。そしてその原因の全部またはほとんどが、親の知育偏重、成績至上主義、名門校志向による勉強の煽《あお》り過ぎである。つまりは子どもの「自由になりたい」欲求の縛り過ぎということである。

さて、この母親からの相談については、遠方の人だったので、わたしは、こちらからも手紙と電話で相談に応じることにした。まず母親は生長の家の教育法をまだよく知らない人だったので、生長の家の教育法を詳しく解説した長文の手紙に、生長の家の普及誌「光の泉」と「白鳩」を同封して返信した。もちろん無料である。わたしの教育相談は、全国のどこから来ようとすべて一切無料である。間もなく母親からは礼状と、相談の続きの手紙が届いた。以後、母親とは相互に手紙と電話で一年間、教育相談を継続した。その間、月が変わるごとに普及誌「光の泉」と「白鳩」を手紙に同封して送った。地元の「母親教室」も紹介した。

とにかく、「わが子を信じて明るく対応せよ」ということと、「わが子を信じたら、信じたとおりに実行しなければ効果はゼロ」ということと、「父親にも協力を求めよ」ということが、わたしの一貫した趣旨だった。そして、「そのとおりに実行したら、子どもは一〇〇パーセント間違いなく必ず確実に善くなる」というのが、二〇通以上母親宛に出したわたしの手紙と、電話での相談の毎回の結論だった。

両親とも、毎回のわたしの手紙と、毎月手紙に同封した普及誌をよく読んでくれたようで、電話をかけて来る母親の声と、相談の手紙に書いて来る内容が、回を重ねるごとに明るくなって来た。「母親教室」にも毎回通って、よく勉強している様子だった。

親が変われば子が変わる。母親に信じて待つ心の態度ができるにつれて、暴力息子が母親に文句は言っても暴力は加えなくなったのである。親の子どもに対する信念が明るくなり始め、子どもへの対応が変わって来ると、子どもの生活態度が落ち着いて来た。最初の相談から半年もすると、不登校のほうは、登校したりしなかったりを繰り返しながら、だんだん登校する日が増えて来て、中三になった新年度からは、不登校は完全になくなった。成績は中二で不登校をしていた分だけわからないところも出て来て、小学校の頃のようにトップクラスで成績優秀というわけには行かず、中一のときよりも下がったが、両親ともに成績は一切気にしないことにした。私立中学校だから高校受験はない。今彼は中三の三学期を迎えている。中三の四月以降は現在も無欠席である。

母親からは、今度は相談ではなく、礼状と現況報告の手紙が今もときおり来るが、現在彼は文化祭のリーダーになって張り切って活躍しているということであった。毎日明るく元気で登校して、親子の会話も楽しく愉快《ゆかい》に交わせるようになり、文化祭のリーダーで活躍しているわが子の姿を見ると、母親は涙が出る思いだとも手紙には書いてあった。

『積木くずし』の実話のほうは悲劇的な結果になっているのだが、「人間・神の子」の実相を信じてわが子の教育を生長の家の教育法で行《おこな》ったこの両親の場合は、このようにさわやかで素晴らしい結果に至っているのである。

6　学力よりも人間力を育てる

＊学力優秀は子どもの人間的価値を決定しない

子どもが学力優秀であることは大いによいことである。学校の成績も、よいに越したことはない。名門校も、親の名門校志向で、子どもを勉強に縛りつけるのはよくないが、親ではなく子ども自身がその中学、あるいは高校や大学に入りたくて、自分の意志で頑張って勉強するのであれば、健康を害しない限り徹夜でも何でも自由にして、東大だろうと、オックスフォードだろうと、またいかなる名門高校、名門中学校へ挑戦して入学することは決して悪いことではなく、むしろよいことである。

問題なのは、親が知育偏重、成績至上主義、名門校志向になって、子ども自身の意志や希望に関係なく、子どもを一に勉強、二に勉強、三に勉強で、無理矢理学力向上にだけ煽《あお》り立てることがだめなのである。

欧米の諸外国の子ども達は、小学生がいちばんよく遊ぶ。子ども自身が好きで、ピアノとかバイオリンとか、絵とか舞踊とか、あるいは各種のスポーツとか、その他の稽古事を習う子どもはあっても、教科の勉強の塾に通う子はいない。もちろんそういう塾もない。

小学生の次によく遊ぶのは中学生である。中学の終わり頃から高校生の初め頃になると、子どもは自分が将来何をしたいか、何になりたいかを本気で考えるようになり、その目的達成を目指して勉強するようになる。いちばんよく勉強するのは大学生である。大学生になると、それぞれの専門の研究分野で一心不乱に勉強するようになる。これが欧米諸外国の子ども達の実態だ。

親も子どもの躾《しつ》けには、子どもがまだ幼児の頃から徹底して厳しいが、「勉強しろ」などと言う親はいない。それが日本は逆なのだ。日本の子どもは、いちばんよく勉強するのは小学生である。よく勉強するというよりは、親にさせられているのである。中学生になると、とたんに勉強しなくなる。殊《こと》に中学受験で小学生の頃に塾とか家庭教師とか、日曜日は進学教室の進学テストなどと、一週間のスケジュールが国会議員並みの忙しさで、勉強づくめだった子どもは、受験に合格して入学してしまうと、中・高一貫教育で高校受験がなくなるから、ゆったりもする代わりに小学校時代に思い切り自由に遊べなかった時間を取り戻すかのように羽をのばして遊び回るのが普通である。わたしは、ある意味では小学生時代に好んでわざわざ苦労して猛勉強までして受験したのは、中高一貫で「若く明るい歌声に」の「青い山脈」の歌詞にあるように伸び伸びと青春を謳歌《おうか》させたい親の気持ちや子どもの意志もあったかも知れないから、それはそれでいいと思うが、そうであってもなくても、中学受験の有無にかかわらず、中学生は小学生より勉強しない。

そこへ今度は高校受験を控《ひか》えた子どもの場合は、親が名門校志向であればあるほど、子どもの勉強を煽り立てることになる。

子どもは、幼稚園児までを幼児期と言い、小学校一年生から六年生までを児童期と言い、中学・高校生の子を少年少女期と言う。さらに子どもによっても多少の相違はあるが、小学校五年生から中学校二年までの子を思春期前期の子どもと言い、中学校三年生から高校三年までの子を、思春期後期の子どもと言う。精神発達の早い子は、小学校四年生の中頃から思春期前期に入る子もいる。大学生になれば、子どもはもう大人である。

思春期の子どもは、身体的発達と、精神的発達がアンバランスで、情緒不安定になりやすい。この子どもの発達段階の特徴を考慮せずに、親の大人の感覚だけで、勉強、勉強で押しつけると、子どもの情緒の安定が崩れて、親子の人間関係に歪みが生じる。中学生、高校生の不登校や家庭内暴力、閉じこもりや家出、非行や犯罪の六五パーセントは、ここから始まるのである。

本来ならば、高校生になる頃には、子どもは自分が将来何をしたいか、何になりたいかの未来展望がなくてはならないのだが、小学生の頃から、勉強とは、学校の成績を上げるためにするもの、成績を上げるのは、上級学校進学のためという発想で、とにかく子どもに学歴をつけることが親の任務と考えて育てられて来た子には、目的意識が育たない。だから一般的には高校生は中学生よりさらに勉強しない。いちばん勉強しないのが大学生である。そこから先の目的意識が育っていないから、大学へ入ったことで目的が全部達成されて、そこで終わってしまっているからである。親からは高額な学費を出してもらって大学に入り、大学の四年間を目的意識も持たずに遊び呆《ほう》けて、大学を卒業したら、ニートになる。こういう若者が今多いのは、このためである。ニートの若者は現在全国で八五万人いる。しかも年々増えつつある。最近では、ニートは若者ばかりとは限らない。三〇代、四〇代や五〇代の、本当なら社会の中堅で働き盛りであるはずの大人にもいる。教育の目的は、人格の完成を目指して行うのが教育だから、学力さえ優秀であれば、子どもの将来の人生は幸福が保証されると考えるのは大きな間違いで、学力優秀は子どもの人間的価値を決定するものではないのである。

＊子育ての目的は子どもの人間力を育てること

ある高校三年の大学受験生の母親から教育相談があった。この教育相談は、母親と子どもと二人同時に直接面談した。まず母親の話によると、

「小学校に入ってからは、何よりもまず勉強が大事と思って、学校から帰ると塾、塾から帰ると家庭教師と、小学校一年生からずっとそれでやって来て、幸い成績もまあまあで通って来て安心していたのですが、ここへ来て大学受験となったら、高校の先生からも、予備校のランクでも、たいていの大学はどこでも一応は合格できると言われるところまでは来ているのですが、どの学部を受けたらよいのかが親子ともわからなくて困っているんです。」

ということだ。そんな馬鹿な話があるかとわたしは思ったが、一応受験生本人に、

「君は将来何になりたいんだ？」

と聞いたら、

「それが……。何になったらいいのか、まだわからないんです。」

と言う。

「何かしたいことはないのか。」

「それが……大学に入ってみないと……。」

口ごもっている息子を母親がかばって、

「この子勉強はよくやってて、成績もよくてまじめなんですけど、これって特長のない子で……。」

と口添えした。

「何か勉強以外で好きなことは何だ？」

すると本人は、

「好きなことって言われても……。勉強以外はしたことがないし……。それにする時間もなかったし……。」

何とも頼りない話である。だいたい大学受験は、自分が将来何をしたいのか、何になりたいのかがまずわかっていて、その上で、自分はどの大学のどの学部を受験すればよいかを決めて受験するのが大学受験である。中学受験や高校受験とはわけが違うので、いかに成績が優秀でも、ただ入りさえすればよいというものではないから、これでは話にならない。

「君は成績優秀らしいから、合格できる大学はたくさんあるだろう。まだ受験までは十分期間もあることだから、帰ったらお父さんやお母さんとよく話し合って、何よりも自分が将来何をしたいか、何になりたいかを自分でよく考えて決めて、それなら何の学部へ入ればよいのかを、ご両親と相談の上で決め、最後に、ではどの大学とどの大学を受けようと決定すればよい。実力はありそうだから教科の筆記試験は心配ないだろうけれど、将来の目的がしっかり決まって、大学に入ったら、何を勉強したいか、またこれまでの中で、勉強以外にも自分はどんなことが得意で、どんなことが比較的苦手かなどが、はっきり答えられるようにしておけば、私立大学だったらＡＯ受検というのもあるから、まだ時間はたっぷりあるので、これらのことをよく考えてから大学を決めても十分間に合う。」

と答えて、母親と子どもを帰した。この相談は一回きりだったが、年が明けて三月になったら母親から、

「お蔭様《かげさま》で、早稲田の経済学部へ入りました。」

と礼状が届いた。

＊子どもには、たくましい人間力を育てることが大切

子どもには、学力よりも、たくましく生きることのできる人間力を育てることが大切だ。「勉強がよくできる子＝善《よ》い子」という考え方は、親がするわが子への評価の仕方としては一面的で極めて狭小《きょうしょう》な評価である。

人間は神の子で、どの子も実相は神性仏性そのものであり、無限才能、無限力であるが、無限才能、無限力ということは、学力優秀を意味するものでは決してない。学力優秀は人間力の極めてほんの一部だということである。だから学力優秀もよいことなのだが、それだけでは神の子・無限才能、無限力にはならない。「勉強以外は何もできない学力優秀児」というのもある。

生長の家の教育法は、子どもの中にある子どもの実相である神を引き出す教育法であって、学力優秀児を育てる教育法ではない。学力優秀児も育つという教育法である。子育てというものは、善い子を育てると考えるよりも、子どもを善い大人に育て上げなくてはならないと考えるのが正しい。よい大人とは、人間力の豊かな大人をいう。

人間力とは、自己中心的な甘《あま》ったれ人間ではだめで、規範《きはん》意識がしっかりできていて自立心に富み、困難にめげず前向きにたくましく生きることができる人間をいう。子育ては次の世代の善い大人を育て上げるのが子育てであるから、親はわが子を人間力のある子に育てなくてはならないのである。

「勉強以外は何もできない」学力優秀児は、視野が狭く自分のことしか考えられない。子どもは勉強さえしっかりやればよいとの親の誤った発想から、勉強以外のことは、何でも親がしてやってしまって、子どもは親がすっかり整えた平坦な道を歩いて行けばよいように整え切ってしまうと、子どもは平坦な道しか歩けない子に育ってしまう。子どもはできるだけ凸《でこ》凹《ぼこ》な道を歩かせるほうがよいのである。平坦な道以外を歩いたことがない子は、ちょっとの小石にもつまずいて転ぶ。転んだら誰かが手をさしのべてくれなければ自分では起き上がることができない気力のない子になる。

そして、何でも、「よいことは自分のせい」、つごうの悪いことはすべて「自分以外の人のせい」という甘ったれ精神が育成される。自分の願いや目的を自《みずか》らの努力によって達成するのではなくて、すべてを「他によって満たされることだけを願う」子に育つのである。自分では何もできないのにプライドだけは高い。親にも、周囲の人々にも表面の恰好《かっこう》だけはよく見られたいものだから、「善い子を演じる子」に育つ。非行や少年少女犯罪が起こったとき、親は「うちの子に限って」と思い、周囲の人は「あんないい子が」と驚いたりするのは、このためである。

もちろん、学力優秀児がすべてそうだというわけではない。学力優秀児で人間力もしっかり育っている子は大勢いる。だが、親が「勉強さえよくできればよい」、子ども自身ではなく親が望む名門高校や名門大学へ入ってくれさえすればよいと、親のプライドや期待を子どもに押しつけて、勉強、勉強だけで育てると、こういう子が育つということである。

子どもが将来、人生に成功するか否かは、学力ではない。学歴でもない。人間力である。何事も、いつも明るく前向きに考えることのできる子、ちょっとやそっとのことでは落ち込まず、万一落ち込んでも立ち直りの早い子、自立心があって、人には思いやりがあり、自分には自信のある子、規範意識がしっかりしていて目的意識のある子。

学力優秀は二の次、三の次で、このような人間力の豊かな子を育てることが、子どもの中にある神性仏性、無限の才能、無限力を引き出す生長の家の教育法である。

その結果は、子どもの将来は一〇〇パーセント間違いなく確実に成功し、子どもは幸せな人生を必ず歩むことになるはずである。

7　個性を生かし個性を伸ばす

＊個性を発見し生かし伸ばすのは、親でなければできない教育である

子どもには、どの子にも必ず個性というものがある。個性と間違えやすいものに癖《くせ》というのがあるが、癖は個性ではない。個性は生まれながらにしてその子が持っているその子特有の優れている面を個性というのであるが、癖のほうは、生後の生活習慣の中で自然に身についた行動パターンを癖というのである。だから個性にはよいものしかないので悪い個性というものはない。癖には、よい癖もあれば、よくない癖もある。よい癖は大いにほめて、どんどん伸ばすのがよく、よくない癖はできるだけ幼児の頃から、早期に矯正《きょうせい》して直させることが必要だ。

一方個性は、その子の中にまだ親の目に見えるような形となって現われてはいないが、ど

の子にも必ず潜在している無限の才能すなわち天才を、現象的に現わすパイプとなるのが個性なのだ。

個性と癖とを区別すること、癖には伸ばすべきよい癖も、それがあまり習慣化して定着してしまわないうちに直すべき癖もあるが、個性にはよいものしかないのだから、こちらはどのような個性でも、尊重し、生かし、伸ばすことが必要である。

最近は学校教育でも、個性の伸長ということがよく言われる。学習の個別化、授業の個別指導ということもよく言われて、小学校では特に算数の授業などで、クラスを解体して児童の理解度別にその時間だけ臨時のクラス編成をして授業を進める小学校もある。算数は特にステップ・バイ・ステップが大事な教科だから、前の段階がわかっていないと、次の段階が理解しにくいということもあって、一つのよい工夫ではあると思うが、これは個性の伸長とは関係がない理解度別指導である。

学校という場は、学年ごとのカリキュラムを規準とする集団指導の場であるから、どの教科においても授業は画一的にならざるを得ないので、個性の伸長は、学校教育の中では事実上難しい。これが高校であれば、たとえば音大附属の高校とか、美術大附属の高校とか、職業高校とか、その他特別な才能教育型の高校もあって、はじめから個性伸長を目的として教育する高校もあるが、義務教育機関である小・中学校では、教師が個々の児童生徒の個性を発見し、個性を生かす場を与えることはできても、平常授業の中で、一人々々の個性を伸ばすことはまず難しい。小・中学校の学校教育の中で、個性を伸ばす指導が行われるとすれば、小学校ならクラブ活動または児童会活動、中学校なら部活動または生徒会活動の中での指導だが、それでも完全な個性伸長にはならない。

個性の発見は、実は子ども自身と親でなければできないものなのであって、子どもの個性を生かし伸ばすのは、親でなければできない教育なのである。

そこで家庭教育にもっとも重要なことは、家庭が学校の延長または学校の下請け工場になってはならないということである。一時期「ゆとりの教育」ということが強調されて、学校の週休二日制もその流れの中でできたことなのだが、その後、子どもの基礎学力の低下が問題視されるようになって、文部科学省は、中教審の答申を元に学習指導要領の改訂を行《おこな》った。ここで家庭の親が間違えてはならないのは、子どもの学力低下は、学校教育の責任であって、親の責任ではないということだ。親がわが子になすべき教育は別にある。

親でなければできない教育と、教師でなくてはできない教育とは違うのだ。わたしは新任以来、どこの小学校に在任していたときも、新しい学級を担任した新年度初めの四月の最初

の保護者会の席上では、担任あいさつの冒頭に必ず、
「わたしがこのクラスを担任した以上は、このクラスの児童全員必ず善い子にするから、お母さん方は安心しておられてけっこうである。子どもが学校の門を一歩入ったら、そこから先は全部わたしの責任で教育する。もし子どもが勉強がわからなければ、わかるようにさせるのがわたしの役目であるから、それはわたしが必ずやる。学校内で子どもが何か悪いことをしたら、それをやめさせるのがわたしの役目だから、それもわたしが必ずやる。だから学校の中で子どもが学習態度がよくないとか、何か悪いことをしたとか、勉強の何ができないとか言って、お母さん方を呼び出すことは絶対にしない。その代わり、朝顔も洗わないで学校に来た子がいたら、それは親の躾けが悪いのだから、その日の中に、その母親を即日呼び出す。」

これが、担任が変わって新しい学級を受け持ったときの最初の保護者会で必ずするわたしの担任あいさつだった。そして、そのとおりにしたのである。

後になって定年退任してから、大学を出たばかりの新任教諭の指導教官を委嘱《いしょく》されてしたが、新任教諭の指導の際にも、

「君達が小学校へ赴任して学級担任になったとき、最初の保護者会で保護者にあいさつをす

る際『私は未熟で至らない者ですが、子ども達のために頑張りますのでよろしくお願いします。』などと頼りないあいさつは絶対するな。未熟で至らない者などに子どもを受け持たれたのでは親が迷惑だ。そんなくだらないあいさつをしないで、『みな様からお預かりした大事な子ども達を必ず立派なよい子になるように全力を挙げて指導しますのでよろしくお願いします。』と言え。」

と指導した。

教師でなければできない教育をしっかりやるのが教育のプロとしての教師の使命であり責任である。同様に親でなければできない教育をしっかりやるのが親の使命であり責任である。ここを取り違えて、ひたすら勉強々々と、学校教育の下請け工場を買って出ているようでは、親でなければできない教育は何もしていないことになるのである。

＊個性は天才の苗床である

すでに何回も繰り返し述べて来たように、子どもはどの子もみんな神の子で、子どもの本性は神性仏性そのもので、どの子も一人残らずが、それぞれに天才を必ず持っている。しかし、その天才が、今現われているかいないかは別問題だ。わが子を「神の子・無限力」と信じて引き出せば現実の力となって必ず現われて来るが、信じもせず、引き出しもしなければ現実の力となっては出て来ない。その具体的な子育ての教育手段が、子どもの個性を発見し、生かし、伸ばすことなのである。

と言っても親から見て、何がわが子の個性なのか容易にはわかりにくい場合が多い。それでもよい。普段からよく子どもを注意深く観察しているうちに、個性の芽生《めば》えらしいものが必ず見えて来る。

大まかに言って、子どもが特に好きなこと、見ていて上手なことの中に個性の芽生えがあると考えてよい。それを、制限せずに思い切り自由にやらせるとよい。子どもの興味は年齢が進むと共に変わって来るから、別に無理に長続きさせる必要はないのだが、次から次へ移り変わる興味の中で、それが子どもにとって建設性のあることであって、その上、長続きするものがあったら、それがその子の個性であると考えてだいたい間違いがない。

それでもまた変わることもある。だからあまり早くに見えて来たものを、これがこの子の個性だと決め込んでしまうことには危険がある。とにかく、幼児から小学生時代にかけては、子どもが自分の考えで、自由に使える時間をできるだけ多く与えることだ。もちろん、他人に迷惑をおよぼすことや、子ども自身の身体生命に危険がある恐れのあることは絶対させてはならないが、そうでないことなら、あまり大人の価値観に捉《とら》われずに、自由に思い切りさせることがよいのである。

夏休みとか、冬休みとか、学年終わりの春休みなども、どうせ作っても実行できないような、一日の細かい生活スケジュールなど作らせることは、計画倒れの練習をさせているようなものだから、そんな形式張ったことをさせるのではなく、特に期間が長い夏休みには、夏休みでなければできない思い切り自由な生活や、家族旅行を計画したりして、普段では経験できない多様な経験をさせることが大切である。

夏休みは約四〇日あるが、四〇日まるで勉強しないと一学期の勉強内容を忘れるだろうなどと思って、せっせと塾に通わせたり、親がつき切りで、一定時間勉強させるなどは愚《ぐ》の骨頂《こっちょう》である。四〇日全然勉強しなかったら、一学期の勉強を忘れるほど、子どもの頭は粗雑にはできていないのだ。わたしは、小学校在任中、夏休み、冬休み、春休みの課題は一切出したことがない。後半は、わたしが学年主任だったから、わたしの学年全クラスに課題としてドリルはもちろん、図画一点、工作一点も作文一枚も出したことがないが、親からは非常に好評だった。中学受験の子は、学校からの夏休み課題がないから、受験勉強に精を出してもありあまる十分な余裕があって夏休みを楽しむ自由な時間がたっぷりあったから、その親からも子どもからも好評だった。

子どもは、自由な多くの経験の中から、自分の個性を発見し始めるのである。そして親もわが子の個性が見えて来る。そうすると、早い子は小学校の高学年の頃から、遅い子でも中学校の終わりから高校生になる頃には、自分の将来展望が開けて来る。自分は将来何になりたいか、何をしたいかの目的意識がはっきりして来るのである。そうしたら、それから先は、子どもの目的意識が達成される方向で子どもを支援し、適切なアドバイスをしてやるのがよい。

進学や、それから先の進路は子どもの選択に任《まか》せる。まず最初に子ども自身の未来展望があり、目的意識があって、その目的達成のために必要な進学先を子どもの意志や希望を優先させて選択させればよいのであって、このときに、親だけの好みや、期待の押しつけで、親の考えで進学先を選択したり、将来の子どもの夢を曲げたりしてはならないのである。子どもが持った未来展望は、それがその子の明確な個性である。それが親の好みや期待とは反対のものであったとしても、子どもの目的意識は生かさなければならない。そこから子どもの神性仏性が現実化され天才が伸びる。個性は天才の苗床《なえどこ》である。

8　親と子のコミュニケーションを大切にする

＊母親と子どもとのコミュニケーション

幼児の頃の母親と子どもとのコミュニケーションにもっとも大切なのは、母親と子どもとのスキンシップである。衣服の着脱などは、幼児が自分でできる部分は母親が手を出してしまわずに幼児に自分でさせるのがよいのだが、母親が側《そば》に付いていて、指示することがスキンシップになる。もう一人で着脱できると思って、母親がいなくなってしまわないほうがよい。着方のよくできないところや下手なところを、叱《しか》りつけるのではなく、明るい言葉と表情で、励ましながら、ていねいに教えることだ。なるべく手伝わないで教えることだ。それで十分スキンシップになる。叱りつけてしまったらスキンシップにもコミュニケーションにもならなくなってしまう。

幼稚園には、一人で往復できるようになっても、できるだけ送り迎えはするほうがよい。幼児の安全ということもあるが、これもスキンシップの一つである。送り迎えには、ただ黙って一緒に歩くだけではなくて、きょうの幼稚園のことや、そのほか何でもよいから、話しかけるほうがよい。もっとも車や自転車で送り迎えする場合には、話に気を取られると幼児にも親にも危ないから、話しかけることはできないこともあるが、家と幼稚園が近ければ、歩いて送り迎えするほうが、話もできるし、幼児の体力増進や、道路を上手に歩く訓練にもなる。家に着いたら、家に誰もいなくても、母親がまず「ただ今」と言い、幼児にも言わせるのがよい。出かけるときも同じだ。これは「行って参ります」「ただ今」のあいさつの躾けになる。

五歳頃までの幼児は、なるべく手を引いて歩いたり、家の中でも一日に五、六回は、抱いたり、体に手を触れるようにして、スキンシップを欠かさないことが大事である。普通幼児は、用もないことでも、母親に声をかけたがるものだが、そのときには、

「ママは今お仕事中だからだめよ。」

とか、面倒《めんどう》くさそうにただ「うん、うん」とそっぽを向いてうなずいているだけではなくて、幼児の顔を見て、短い応答でもよいから答えてやるほうがよい。もし事情で応答できな

い場合は、

「ママは今忙しいから後でね。」

と言って、用事が済んだら、

「さっきのお話って何？」

と母親のほうから問いかけることが必要だ。どうせ、たいした用じゃないだろうし、忘れてるならちょうどいいなどと思ってそのまま放っとくのではなく、問いかけてやることだ。

「後でね。」

と言っておいて、後になったら聞いてくれなかったでは、母親の約束違反になる。この頃までは、幼児に本を読んで聞かせることも続けるほうがよい。

幼児の寝つきが悪いのは、幼児だけを早く寝かせて母親が起きているからである。そういうときは、幼児と一緒に母親もいったん寝て、幼児が眠ったら母親がまた起きるようにすれば、幼児の寝つきはよくなる。これも母親と幼児とのコミュニケーションなのである。

小学校の一年生になると、子どもは幼児ではなく児童になる。とたんに母親が教育ママに変身して、「勉強、勉強」と言い出すのはよくない。母親の話しかけが詰問調《きつもんちょう》になって、

「先生のお話よく聞けた？」

「授業中ちゃんとしてた？」

「授業中に手を上げて答えられた？」

などと始めるのはよくないのである。学校の話を聞くことはよいことなのだが、勉強のことだけにならず、聞き方が詰問調にならず、きょう学校であった出来事を、子どもに自由に話させて、楽しい会話にすることを忘れてはならない。


学校から帰って来た子どもを待ち構えたように摑《つか》まえて、「宿題は？」と聞いたり、きょうの復習をさせようとすることは、子どもを勉強嫌いな子にさせる原因になるから、やめたほうがよい。それよりも、帰ったら子どもが「ただいま」と言えるようにしっかり教えておき、「ただいま」と子どもが帰って来たら、母親も明るい表情で「お帰りなさい」と玄関に迎え出て、そこで靴をきちんと揃《そろ》えて脱ぐことをその場で教えてさせること、ランドセルを所定の場所に置かせること、その後続いて手を洗い、うがいをさせること、ここまでを習慣化させるように毎日必ずさせて、その後は宿題や勉強のことをすぐ言い出さずに子どもをリラックスさせることである。外へ遊びに出たければ出してよい。


宿題のことは、夕食のときの話題の中で、できるだけ短く簡単に出して、

「それじゃあ夕食が済んだらママと一緒にやろうね。」

と、なるべくあっさり言って、夕食後、母親が付いてさせるのがよいのだが、このときが、勉強を好きにさせるか嫌いにさせるかの分かれ道になる。できがよくても悪くても絶対に叱《しか》らないことだ。子どものやり方が遅くて時間がかかるようなら、最大限でも三〇分で打ち切る。後は宿題がやり切れなくてもよい。そのまま翌日学校へ持って行かせてよい。中身も完璧でなくてもよい。わたしは一年生に宿題は必要ないと思うのだが、これは宿題が出た場合の話である。宿題があった場合、それ以上に復習をさせようとする必要はない。小学校一年生、二年生に長時間の勉強は、害があっても益はない。本来、家庭は、勉強を教えたりさせたりする場ではないのである。勉強を教えたりさせたりしなければならないのは学校だ。家庭が学校の下請け工場になってはならないというのはこのことだ。

母親と子どもとの家庭の中での会話は、小学生でも中学生でも高校生でも、勉強や成績のことではなく、母親と子どもとの心がかよい合う明るく愉快《ゆかい》で楽しい会話であることが必要なのだ。小学生もそうだが、中学生、高校生ではなおさらである。よく見られることだが、小学生の頃は、親ともよく話をした子どもが、中学生になると急に親と話をしたがらなくなるのは、親の話が、子どもの話を聞くのではなくて、一方的な説教になって、おもしろくなくなるからである。説教は会話ではない。会話は「言葉のキャッチボール」にならなければ会話ではない。特に毎日の家庭生活の中で、子どもとの接触時間が圧倒的に長いのは、父親よりも母親だから、母親が明るくないと、母親と子どもとのコミュニケーションは、子どもの年齢が高くなればなるほど円滑を欠いて来る。

ある中三男子の家庭では、夕食時の母親と子どもとの会話の内容が、毎日決まって高校受験のことや、学校の成績のこと、それに塾でのテストの得点のことばかりだったという。父親は仕事で帰りが遅いので夕食時にはいない。子どもは、兄と弟と妹の三人で、兄が中三、弟は中一で、妹は小学校の四年生だったが、三人の子どもを前に夕食をしながら持ち出す母親の話題は中三の兄の受験と学校の成績と塾のテストの話ばかりだ。そして話の結論はいつも「勉強が足りない。もっと勉強しろ」ということになる。ときには中一の弟や小四の妹までが、そのとばっちりを受ける。これでは夕食も団欒《だんらん》にはならない。エンマの裁きを受けているようなものだ。夕食もおいしくなくなる。中三の兄は母親と夕食をするのがおもしろくないので、学校から塾へ直行し、塾から帰るとテーブルの上に残されてある夕食を二階の自分の部屋に運んで、自分の部屋で一人で食べるようになった。そのうち中一の弟が右へならった。夕食時間は母親と小四の妹二人きりになったが、たまたまその母親はわたしと面識があったので、わたしは母親からこの話を聞いた。わたしは母親に、

「それはあなたが子どもの高校受験を心配するのは、親の愛情だから当然だろうが、あなたがいくら心配したからといって、息子さんの受験が合格するものではない。むしろあなたは息子さんの神の子の実相を信じて、息子さんをもっと明るく勇気づけ励ましてやらなくてはならない。だいたい毎日夕食のたびに、受験々々で成績の話や塾のテストの話ばかりして、揚《あ》げ句《く》の果てがもっと勉強やれと煽《あお》っていたのでは、肝腎《かんじん》の勉強もやりたくなくなるし、一緒に聞いている弟も妹も団欒の場であるはずの夕食時間が楽しくなくなる。時間のつごうで学校から塾へ直行する子はいくらでもいるのだから、そんなことはどうでもよいが、きょう塾から二人が帰って来たら、

『きょうは二人とも食事は二階へ持って行かずに下で食べなさい。』

と言って、あなたは知らん顔をして受験や勉強の話など一切せず、頃合いを見て、子どもを笑わせるような愉快《ゆかい》なおもしろい話をして兄と弟を笑わせて後はよけいなことを言わずに放っておきなさい。明日以降も二人の子が学校から塾へ直行するならそれでもよし、家に帰って夕食をしてから塾へ行くのだったら、また夕食時間は妹娘の女の子も含めて、三人の子が笑うような、おもしろい冗談話をして、勉強のことは一切言わないようにしなさい。そのほうが勉強効率も自然に上がる。」

と話した。これは正式な教育相談ではなかったから、母親との話は、この一回だけだったのだが、その後、まず中一の弟のほうが、家に帰って夕食をしてから塾へ行くようになり、それから三、四日して兄も家で夕食をして塾へ出かけるようになって、母親と三人の子どもが揃《そろ》っての夕食時間が元どおりになったが、母親が持ち出す話がおもしろくなったので、妹娘も含めてそれぞれの子が愉快《ゆかい》な冗談を言い合って笑うようになって、夕食時間が今までにない楽しい団欒タイムになった。中三の兄息子は、学校推薦が取れて、筆記試験なしのＡＯ型受験。十月下旬には志望校に合格が決まった。母親が躍起になって煽り立てる必要は、何もなかったのである。

子どもを育てる母親は、子どもに対して注意深いことは必要だが、心配性はよくない。心配性の母親は、子どもへの愛情は同じでも、暗い予想をしやすい。悪い場合を予想して、それを防止しようと努力するのである。ところが現実は逆効果で、明るく励まさなくては、何事についても子どもは伸びないのだ。特に受験はスポーツの試合と同じものだから、勝つことも負けることもあるが、スポーツの選手をコーチする監督は、選手に「お前達は負けるかも知れない」という発言は絶対にしない。「必ず勝てる。自信を持ってやれ」と、勝てそうもないと思っていても必ず言う。どのスポーツのどの監督もみんな同じである。それで選手のやる気を育てる。どんなに形の上では頑張っても、選手にやる気の乏《とぼ》しいチームは負けるのだ。「勝てる」と思うから最後の一瞬まで粘り抜いて逆転勝ちもできるのだが、「負けそうだ」と思いながら最後まで粘り抜けるチームはない。

子どもの受験もこれと同じだから、自身と勇気を煽《あお》ることをしないで勉強だけを煽っても、それでは子どものやる気を起こさせることにはならないのだ。勉強時間の長短は問題ではないので、やる気満々で勉強するのと、やる気がなくて、ただ時間ばかり延々としているのとでは、実力の高まり方がまるで違う。だから子どもが勉強している形の長短だけを見て、「よく勉強している」とか「勉強していない」とか判断してはならないのだ。

塾で勉強して、よくわかってしまった子は、家に帰ってから一分も勉強する必要はないのだ。大学受験生の予備校通いも同じである。わからない部分があったから、家に帰ったらそこをもう一回復習してみようとするかしないかは子ども自身の「やる気」である。「やる気」を起こさせるのは、母親の明るい励ましなのだ。それをしないで、母親の目に見える家の中で勉強している形が見えないと安心できないのは、先を暗く予想するからである。先を暗く予想すれば、発言も暗くなる。表情も態度も暗くなる。子どもとの接触時間が長い母親は、徹底して明るいことが必要だ。母親が明るくて楽天的であればあるほど、子どもは前向きで、たくましい人間力豊かな子に育つ。

母親と子どもとのコミュニケーションには、何よりも、明るさと愉快《ゆかい》さのある言葉のキャッチボールを絶やしてはならない。これがしっかりできていたら、子どもは心身ともに健全な素晴らしい人間に必ず育つのである。

＊父性の必要性と夫婦の倫理

今の時代は、どの企業でも仕事が非常にハードな時代である。加えて職場と住居との距離がたいていは遠くなっている場合のほうが多い。したがって父親と子どもとの接触時間がなかなか取れにくくなっている。単身赴任というのもある。昔々のように夕食は両親と子どもと家族揃って一家団欒《だんらん》ということも、できにくい場合のほうが多い。朝は子どもがまだ目が覚めないうちに出勤し、子どもがすでに眠ってしまった後に帰宅する父親も少なくない。それも企業の中堅や幹部である父親ほど仕事がハードで、過去の時代のように「重役出勤」などという悠長なわけには行かなくなっている。逆に幹部ほど忙しいのが今の時代なのだ。したがって今は、子どもにとって「父親の顔が見えない時代」とも言われている。

教育には、父性原理と母性原理が必要である。父性原理は「秩序」であり、母性原理は「調和」である。父性はタテ、母性はヨコ、父親のことを、「家庭の大黒柱」とよくいうが、大黒柱とは、家の中心にあって建物を支える上でもっとも重要な柱をいう。大黒柱が歪んだり曲がったりして立っていたのでは、建物全体が歪んでしまって、ちょっとした地震でもあっという間に崩壊してしまう。

父親は大黒柱であって家庭の中心者であるから、真っすぐに立っていなければならない。しかしながら、大黒柱も、大黒柱だけで独《ひと》りで立っていることはできない。大黒柱を支える水平で安定したヨコ柱が必要である。これが母性である母親の役割である。父性は天、母性は大地である。天と地ということは、男性が上位で女性が下位であるというような男尊女卑を意味することではない。男性は神の使命としての男性の天分があり、女性もまた神の使命としての女性の天分があり、男性は男性の天分を全《まっと》うすると共に女性の天分をも尊敬し礼拝《らいはい》し、女性は女性としての天分を全うすると共に、男性の天分をも尊敬し礼拝し、タテとヨコとが、中心を中心として正しくクロスして動き出すとき円ができる。幾何《きか》学の図形でも、完成図形は円である。円は円満完全であり、実相の状態である。

「天は地をおおい、地は天を支える」。これが両親すなわち夫婦の倫理である。倫理は神の秩序である。

家庭の中心者であり、タテの原理の具現者であり、天の立場にある父親は、父親に課された神の使命は秩序だから、妻である母親からも子ども達からも信頼され尊敬されるに足る真っすぐな生活姿勢を保ち、「天は地をおおう」の神の秩序に従って、これも妻である母親と子ども達を、愛深くおおい包むことが、父性原理であって、家庭における父親の役目である。

一方ヨコの原理の具現者であり、大地の立場にある母親は、大地というものは広ければ広いほどよいので、広い包容性を持って、すべての生命を温かく育《はぐく》み育てる。そして「地は天を支える」の神の使命に従って、夫である父親を愛を持ってしっかり支え、子ども達を広い心で明るく伸び伸びと真っすぐに育てることが、母性原理であって、家庭における母親の役目である。ここに夫婦調和が成り立ち、夫婦調和が心身ともに健全に子どもを育てる絶対条件となるのである。

＊父親の役割と母親の役割

現代の教育の中で、もっとも問題なのが、父性の欠如である。父性の欠如が子どもの心を退廃させるのである。仕事がハードな父親は、子どもと顔を合わせる機会が乏しいだけでなく、家に帰ってからさえも、仕事が残っていたり、明日の仕事のことに心が集中して、子どものことまで気を回す余裕がない。母親が子どものことで帰宅した父親に相談しても、

「今は忙しい。後にしてくれ。」

とか、

「子どものことはお前に任《まか》せた。」

では、父親の存在はなくなる。極めてたまに母親が、受験期の子どもがちっとも勉強しないとか、あるいは不登校などのことで父親に相談を持ちかけると、普段子どもと接触過少になっている父親は、子どもの気持ちをよく聞く心の余裕もなくて、いきなり子どもを怒鳴《どな》りつけ、子どもが自分の言い分を言い返そうとすると、父親の権威を傷つけられたように思って父親のほうが感情的になり、子どもに暴力をふるって子どもとケンカをする。何の解決にもなっていない。揚げ句の果ては、

「お前の教育が悪いからだ。」

と母親まで怒鳴りつけ、夫婦ゲンカが始まる。それなら母親は、父親になど相談しなかったほうが賢明《けんめい》だったということになるが、こういうのを「父性の欠如」と言うのである。

そうかと思うと、叱《しか》ることは全部母親に任せ切りで、自分は子どもにはいい顔だけをして、子どもの歓心《かんしん》を買おうとする父親もいる。中には父親自身が大人になり切れていない、精神的に未熟な父親もいて、仕事がうまく行かなかったり、仕事上の人間関係のトラブルを家庭で発散させて、酒を飲んで酔いしれては妻や子どもに暴力をふるってウサを晴らす、まるでヤンチャ坊主の幼児並みの父親もいる。いずれも父性の欠如である。子どもの頃、比較的裕福な家庭に育った父親の中には、マザコンパパというのもいて、一人前の大人になっても自分が母親ベッタリで、結婚して父親になってからも自分の方針がなく、家庭のことでも子どものことでも自分の意見も妻の意見も子どもの意志や希望もそっちのけで、ひたすら子どもにとっては祖母である母親の言いなりに盲従《もうじゅう》しているだけの父親もいる。

どれもこれも、家庭の中心者としての自覚が欠落した父性の欠如だが、大黒柱である父親の姿勢が曲がっていたのでは、健全な家庭は望めないし、健全な子どもの育成も望めない。

父性が欠如していると、子どもは自己中心的で、向上心も育たなければ、目的意識を持って自己を向上させようとする規範《きはん》意識にも欠け、もっぱら他によって満たされることだけを願う、甘ったれた子に育つ。こういう子は集団適応性に欠けるから、不登校にもなりやすい。自己責任感が育てられていないから、刹那《せつな》主義、快楽主義的になり、悪いことはすべて他人《ひと》のせいと思ってだけいるから、学校でも先生に叱られたり、自分のわがままを通してもらえないと、先生にも暴力をふるう、キレやすい子になる。先生ばかりではなく親にも暴力をふるったり、利己的欲望の達成のためには殺人も犯すようになったりもする。

父性の欠如は、父親に問題がある場合だけでなく、母親に原因がある場合もある。天を支える大地であることが神の使命である母親が、父親を無視して、家庭のこと、子どものこと、何でもかんでも母親が独断で取りしきり、父親を家庭の中心者として尊敬も信頼もしておらず、ただの「月給運搬人」のように思って「亭主元気で留守がよい」型で、もっぱら母子密《みっ》着《ちゃく》の育児をした場合も、父性の欠如になるから同様な結果になる。

神の秩序は曲げられない。神の秩序に中心帰一した家庭生活と子育てが必要である。この場合、中心帰一する中心は神の秩序であって、神の秩序に反した、間違った現象人間に中心帰一することではないことを、よく知っておく必要がある。

＊父親と子どもとのコミュニケーション

父親の存在感の欠落、つまり父性の欠如が、思春期になってさまざまな問題を起こす子を育てていることは、統計的に確実だ。子育ては母親がするものという考え方自体が間違いである。子どもは両親の子であるから、両親が共通理解の上に立って、協力一致して育てなければ、心身ともに健全な人間に子どもを育て上げられるわけがない。もちろん、父親だけの独断もだめ、母親だけの独断も、もっとだめである。両親の子は両親の協力で協力一致して育てる。これが子育てであり、教育である。

だが、父親には男性としての天分があり、母親には女性としての天分があるから、同じことを同じようにするというわけには行かない。神の秩序に中心帰一して、父親は父性の発現者として、母親は母性の発現者として、それぞれの天分を全《まっと》うして異なった分野を担当することによって夫婦は神において平等なのである。

父親と子どもとのふれあいで大事なのは、子どもの規範意識を育てることである。人間には、してよいことと、してはならないことがある。もうひとつは、したくなくてもしなければならないことがある。この三つを、子どもにしっかり教えることは父親の役割である。それは、ある一日、特別に時間を作って説教してもだめで、日常生活の子どもとの接触の中で、あるときは新聞やテレビの報道の中から社会事象や世界の出来事を話題に取り上げて、あるいは社会的に成功した人々の実例を取り上げて、あるいは今世界的に喫緊《きっきん》の課題として大きく問題視されている地球環境の問題などを取り上げて、子どもが父親の話に興味を持つような話題で、子どもの年齢相応に、子どもの規範意識を育てる話を、説教調ではなく、生活の中の話題として、気楽な雰囲気の中で、子どもが飽きないような短い時間でときおり聞かせることである。

家族旅行のときなどに、自然に触れさせたり地方の民話や伝統的な文化に親しませるのもよいし、山登りなどで忍耐力の必要を実感させるのも、父親が子どもとのふれあいの中でできるよい教育である。学校の日曜参観や参観後の担任の先生との懇談に、両親揃って出席することも、父親の意見を学校教育に反映することにもなって、大変よいことなのである。要するに父親の目が、いつも自分に向いていてくれることを、子どもの心に印象づけることが、父親と子どもとのコミュニケーションとして大事なことなのだ。子どもが父親の存在感を意識するだけで、子どもは父親を尊敬し、信頼するようになるのである。

もう一つ、父親と子どもとのふれあいの中で非常に大事なことは、子どもが、

「自分の両親は仲がいい。」

と意識している子は、両親を尊敬し信頼し、明るい子に育つということである。両親が不和で、いつも反目《はんもく》し合っていると家庭の雰囲気が暗くなる。暗いところにはカビしか生えな

い。家庭の雰囲気が明るいか暗いかは、両親がよく調和しているかいないかによって決まるのだ。両親が不和で家庭の雰囲気が暗いと、子どもは思春期になって、いろいろな問題を起こす。

両親の不和が、子どもの教育にはもっともよくないのだが、その責任は妻である母親にだけあるのではなく、また夫である父親にだけあるのでもない。双方同等な責任である。夫婦の不和は夫婦相互の同等な責任として、相互に速やかに解消して、明るく和やかな家庭の雰囲気を取り戻すことが、子どもの親としての両親相互の責任である。

父性の復活、そして父親と子どもとのコミュニケーションの必要性が求められている現代だが、父性の発揮とは、子どもを怒鳴りつけたり、暴力で抑《おさ》えつけたりすることが父性の発揮だと誤認してはならない。

子どもが納得できないことを、暴言や暴力で抑えつけようとすることは、子どもに父親への不信と反感と軽蔑《けいべつ》を煽《あお》る以外の何の効果もないことを知らなくてはならない。特に思春期の子どもにはなおさらのことだ。

子どもがしたことは間違っていたにしても、おどし文句や罵倒《ばとう》を浴びせるのではなく、まずはその動機や子どもの言い分を、子どもの目をしっかり見ながら落ち着いてゆっくり聞く。

途中で言葉をはさまない。メモをしながら聞くのもよい。言うだけのことは全部言わせて、それからじっくりと道理を説く。途中、「お前はどう思うか」と子どもに質問して答えさせながら説くのもよい。終始《しじゅう》子どもの目をしっかり見ながら説く。途中で母親が子どもに口出しをしない。もししたら、父親が制止する。

子どもが納得してわかったら、ことさらあやまらせる必要はない。

「わかったらよし。お前には考える力があるのだから、何でもよく考えてちゃんとやれ。」で終わりにする。その後は翌日になっても、翌々日になってもそのことに関しては何も言わない。子どもには何事もなかったように普通に対応する。わかっていなかったら、

「もう一ぺん自分でよく考えてみろ。」

で終わりにする。決して怒鳴ったり、おどし文句や罰則を与えたりはしない。

これが父親の権威であり貫禄である。怒鳴ったり罵倒したりすれば、それだけ安っぽくなる。このように、真剣に、淳々《じゅんじゅん》と諭《さと》す父親には子どもは尊敬と信頼を持つようになる。これが父性の発揮である。

その後で母親がしつこく、また子どもにからまないことである。母親も後は何事もなかったように、明るく子どもに対応する。これが母性原理の発揮である。夫婦調和だからと言っ

て、両親が一致協力して子どもを責め立てるのは最悪である。父性と母性が調和して機能したら、黙っていても子どもは善《よ》い子に育つ。

父性と母性の調和とは父親がするとおりを母親がすることではない。母親がするとおりを父親がすることでもない。円を二つ分けると半円になる。父親は左半円で母親は右半円である。左半円と右半円が同じことを同じようにしていたら、いつまで経《た》っても円はできなくて半円しかできない。左半円は左の働きをし、右半円は右の働きをし、左と右が違うことをして調和するから円が完成するのである。父性と母性はそれぞれの異なる天分を全《まっと》うして調和するから夫婦の実相が現われ、親の実相が現われたら子どもの実相が現われて、すべてが円満完全に現われるのである。

9　心の躾けと形の躾け

＊躾けは親の責任であることを親はしっかり自覚する

子どもが先生に叱《しか》られたから不登校になったと言って、学校へ怒鳴《どな》り込む親はバカ親である。子どもが学校でいじめに遭《あ》ったら、すぐに学校へ行って担任の先生に善処を要望し、担任の先生が曖昧《あいまい》な対処しかしなかったから学校へクレームをつける、これはよろしい。

子どもが先生に叱られたのは、子どもがしてはならないことをしたからだ。集団生活の中で、してはならないことをするような野放図《のほうず》な子に育てたのは親の責任である。先生に叱られたからと言って、不登校になるような甘《あま》ったれを育てたのも親の責任である。

学級や学校の中で、いじめをするような児童生徒を、断固として厳しく取り締まって、いじめをなくするのは学校の責任である。クラスの中にいじめがあったことを担任に告げて善処を求めるのは親の義務であり、クラスにいじめがあるのにも気がつかないような、ぼんやりした未熟な担任教師に、いじめがあったことを知らせて上げるのは、PTA会員としての、担任教師への情報提供であり協力である。

いじめられている子の親から直接の訴えがあったにもかかわらず、事勿《ことなか》れ主義でいい加減な処置しかしなくて、いじめが続いているとしたら、それは担任教師の責任である。担任がだめなら学年主任へでも校長へでも、クレームをつけるのは当然だ。それはPTA全体で問題にしてもよい。自分の子が先生に叱られたのと、自分の子が友達にいじめられたのとでは、責任の所在が違うのだ。自分の子どもが先生から叱られたら、母親は早速学校へ行って、担任の先生に、

「きょうは有難うございました。」

と礼を述べなくてはならない。こういう区別が全然わかっていない親が今は大勢いる。

現在では、小学生の校内暴力が、ここ一、二年で三・七倍に急増している。小学生も取り締まることができないようなことでどうするかとわたしは思うが、今の先生は、厳しく取り締まると、わが子甘やかしの親が学校へなぐり込みをかけるから、先生のほうが自分の立場が危なくなるのを恐れて、厳しく取り締まることができないのだ。

もちろん、「学校教育法第十一条」の定めるところにより、「校長及び教員は、教育上必要があると認めるときは、文部科学大臣の定めるところにより、学生、生徒及び児童に懲戒を加えることができる。ただし体罰を加えることはできない。」で、体罰を行うことは法律によって禁止されているが、懲戒を加えることは認められている。学校は集団教育をするのが学校であるから、集団のルールを乱したり、集団に迷惑をおよぼす児童生徒には懲戒を加えるのは当然である。それを、たかだか先生に叱られたぐらいで、不登校を起こすような甘ったれもだめだし、その甘ったれをかばって学校に文句をつける親も、親として見識不足であると言わざるを得ない。

校内暴力は、中学校にもっとも多く、中学校ほどではないが高校にもあったのだが、小学校に校内暴力をする小学生が出て、ここ一、二年で急増したということは、校内暴力が、低年齢化したのではなく、校内暴力をするような子どもが小学生になったということである。つまりそれだけ子どもの躾《しつ》けができない親が増えたということなのである。つまりは躾けが全然できていない幼児がそのまま小学校に入り、学校でも家庭でも、甘やかされながら低学年から中学年、高学年へと上がって来たということである。人間として当然の基本的な躾けは、乳幼児から始まって、児童期の初め、小学校入学までに、ひととおりはでき上がっていなくてはならないものなのである。躾けは親の責任である。

＊心の躾け

躾けには、心の躾けと形の躾けがある。子どもに現れるさまざまな現象の姿は、子ども自身の心の影だから、子どもの心を躾けなければ、形だけを躾けようとしても、その躾けは、一時的にはできたにしても、長続きがしない。すべてこの世界の現象的な出来事は、「心が先で形が後」なのだ。

まず幼児の頃から、心の躾けをしっかりする。幼児はまだ何もわからないのだから、何をしても許されると思うのが間違いだ。たしかに技能的にはまだできないこともたくさんあるだろうが、幼児といえども神の子だから、自分でやってみようとする心を躾けることが必要である。それと、こういうことはすることがよいことだ、こういうことはしてはならないことだと、判別できる心を躾けるのが心の躾けである。

児童期に入ったら、まず学校へ行くことがよい事で、ずる休みをすることは悪いことだという心をしっかり躾ける。授業中は退屈しても我慢して、先生の話をしっかり聞くことがよい事で、自分勝手なことをすることは悪いことだと思う心をしっかり育てる。友達に深切《しんせつ》にすることはよい事で、意地悪をしたり、友達に迷惑をかけることは悪いことだという心をしっかり躾ける。自分の持ち物はなくさないように、大事に使う事が自分の責任で、自分がなくした物は、人に頼らず自分で探《さが》さなくてはならないと思う心を躾ける。この心の躾けは、幼稚園児から躾けてよい。そのほかいろいろあるが、とにかくまず心をしっかり躾けることが先決問題である。小学校も高学年から、中学生、高校生となれば、何事も努力を継続しなければ成功はできない、必ずできると信じて、自分で自分を励ましながら頑張れば、どんなに難しそうに見えることでも成功できるものだということや、人間は誰でも大きな夢や理想を持って前向きに生きることが必要だと思える心や、自分のことばかり考えずに、人の役に立つことを思って実行できる人が、自分もまた人生の勝利者となれるという心を躾けることが大切だ。

こうした心の躾けの根本は、「人間は神の子だ」ということである。子どもの生命は神の生命だということだ。親も、本物の自分、実相の自分は神だとの確信を持ち、子どもの実相も神そのもので、本物のわが子は神だと確信することである。この親の確信から、時に応じ、事に応じ、場に応じて、子どもの心を育てるに足る適切な知恵や言葉が、自然に出て来るようになるのである。

＊形の躾け

形の躾けとは、行動習慣の形成をいう。形の躾けには、（1）早期性、（2）一貫性、（3）継続性の三つが大事な要素になってくる。まずは早期性で、形の躾けをするには、幼児の頃から、早ければ早いほどよい。次は一貫性。一貫性とは、たとえばある形の躾け、食事の作法を躾けようと思ったらいつでも一貫して同じようにさせないとだめだということで、「きょうは特別」という例外を認めてはいけないということだ。例外を認めると、子どもは例外を求めるようになって、結局は例外のほうが身についてしまうのである。三つ目は継続性。躾けは実行の反復によってだけ習慣化するもので、一度教えたらわかるはずだなどと考えてはならない。百回でも二百回でも、そのたびに教え続け、させ続ける。一年でも二年でも、そのたびに教え続け、させ続ける。

「あんたは何回言われたらわかるの。」

と、親が癇癪《かんしゃく》を起こしてしまうのは、子どもがわからないのではなくて、まだ親が繰り返して教える回数が足りないからである。

形の躾けの始まりの段階は、親に言われたらするが、言われないとしない。この段階では、まだ子どもをほめてはならないのである。第二の段階は、忘れる場合もあるが、言われなくても自分からやろうと気をつけて努力するようになる。この段階を「態度ができた段階」という。この段階では、言われなくてもできたときだけをほめるようにする。子どもの意欲の刺激である。もし忘れていたら必ず注意して必ずさせることが大切だ。第三の段階は、子どもも自身が意識的にやろうと思わなくても無意識にできるようになっている。朝起きたら歯を磨き、顔を洗うという習慣は、たいていの人は無意識のうちにやっている。親が教えた形の躾けも、子どもが無意識にするようになったとき、これを「習慣化した」というのである。このときは、大いにほめなくてはならない。ここで一つの躾けは完了するのである。

「教えて、させて、できたらほめる」が教育の常道であって、生長の家の教育法も、「教えて、させて、できたらほめる」だが、できてもいないものをほめても何の効果もないばかりか、子どもに安易さに妥協したがる心の習慣をつけてしまうことになる。「できたらほめる」が大切だ。

形の躾けで、真っ先に大事なのは「あいさつ」である。あいさつは、子どもが言葉を言い始めるのは、早い子で一歳の後半、遅い子でも、二歳の中頃には、片言でも言葉を言うようになるから、あいさつを教えるのがよい。イギリスの家庭では、生後間もなくの幼児に最初に教える言葉は「thank you」（有難う）と「I am sorry」（すみません）だという。

あいさつは人間としてのもっとも基本的な言葉である。なまじ知識を増やそうなどと、花の名前や動物の名前など教え込んでいるより、このほうがよほど大事である。

朝起きたら「おはよう」、食事の前には「いただきます」、食事が終わったら「ごちそう様」、外へ出掛けるときは「行って参ります」、あるいは「行って来ます」、家族の誰かが帰って来たら「お帰りなさい」、夜寝るときは「お休みなさい」、家族同士でも、何かをもらったり、何かをしてもらったときには必ず「有難う」、人に迷惑をかけたら、相手が家族であっても、「すみません」か、「ごめんなさい」、こういう言葉を遅くとも小学校に入る前までには、時と事と場に応じて、適切に言えるように躾けておかなくてはならないのである。

ある電車の中で、五歳か六歳ぐらいの男の子が、若い母親と一緒に、わたしが腰掛けている向かい側の席に腰掛けていた。男の子は小さいから、靴をはいた足が宙に浮いてブラブラしている。母親は子どもに靴を脱がせていないから、電車が揺れたとき、男の子の靴がすぐ隣に腰掛けていた白いスーツを着た女性のスカートに触れて、ほんのわずかだが、その女性

のスカートを汚した。女性が手でスカートの汚れを払うと、その若い母親は、

「あら、すみません。」

とは言ったが、子どもの足を押さえただけで、子どもには何も言わなかった。この母親の躾けは0点だ。こういうときは、母親が謝《あやま》っただけではだめなので、子どもに、

「ごめんなさい」または「すみません」と言わせなければだめなのである。

幼稚園児でも、小・中・高校生でも、親が何かを買ってやって手渡すとき、子どもが黙って受け取ろうとしたら、渡さずに取り上げる。そして、

「何か忘れてない？」

と必ず問い返す。子どもが気がつかなかったら、何回でも、「何か忘れてない？」を繰り返す。あいさつを教えてある親なら、子どもは必ず気がつく。気がついて、

「有難う」

と言ったら、渡してやる。これが躾けである。形の躾けは、行動を通さなくては身につかないのである。

子どもが外で、近所のおばさんに出会ったとき、おばさんのほうから、「おはよう」とか「こんにちは」と言われてから、子どもが「おはよう」とか「こんにちは」と言うようだっ

たら、親の躾けはだめなのである。顔を知っているおばさんなら、子どものほうからあいさつが先にできるように躾けておかなくてはならないのだ。

形の躾けは、厳しく叱って育てたら、礼儀の正しい子に育つだろうと考えている親や祖父母もいるが、叱ることは、やめさせることだから、叱って躾けようと思うのは間違いだ。叱って躾けるのではなくて、叱らなくても済むように、初めから正しいやり方を、根気よく繰り返し教えて、できるようにさせるのが躾けである。

いかに「人間は神の子だ」と言っても、知らないことはできるわけがないのだから、教えなくてはならない。教えてもさせなくては習慣化しないから、習慣化するまで丹念に継続させ続けなくてはならない。「躾」という文字は、「身を美しく」と書くが、身を美しく保つには、まず心が美しくならなくては、身は美しくならない。子どもには心の躾けと形の躾けを幼児の頃から、しっかり躾けることが必要だ。躾けは叱って躾けるのではない。教えて、させて、できたらほめて躾けるのである。

10　勉強意欲を育てるには

＊勉強を強制すれば子どもは勉強が嫌いになる

ここまでの記述で、子どもはどの子も神の子で、一人々々の子どもの中には、将来はいくらでも無限に伸びる素晴らしい無限の才能が必ずあるのだから、そのことを信じることが大切だということ、そして、その無限の才能、つまり天才は、個性を通して伸びるのだから、子どもの個性を尊重し、生かし伸ばせば、たとえ今、どんな現象状態に見えている子であっても、その子の個性を通して、必ず天才の域に達することができるのだということ、ほめることは「Go」、叱ることは「Stop」だということも、だいたいおわかりいただけたと思う。子育ては知育偏重の勉強重点型ではなくて、子どもの人間力を育てることが大切だということも、だいたいおわかりいただけたと思う。

ところで今度は、その中心型でなくてよい勉強の話をするのである。優劣などはどうでもよい、その成績がよくなる話をするのである。二、三の事例も挙げてお話する。

さて現実に、子どもに勉強は好きか嫌いかと問いかけてみると、小学生では男女とも、「嫌いではないが、好きでもない」と答える子がもっとも多い。中学生になると、「好きなわけはないが、高校受験もあるし、やらなきゃしようがないからやっている」というのが圧倒的だ。高校生になると少し変わって来る。「好きな勉強や、将来自分の役に立つと思う勉強は、いくらでもやるが、あまり関係のない勉強は、やる気がしない」との答えが大半だ。このデータで考えると、小学生の勉強に対する考え方は大多数がフランクだ。どっちでもないという感じだ。小学生が「好き」と答える教科のトップは体育で、続いて音楽と図工である。

主要四教科と言われる国語、算数、社会、理科はほとんどいないが、理科も実験となると好きな子が比較的多くいる。中学生は、好きな教科と聞かれても、教科で特に好きな科目を挙げる子はほとんどいない。中学生は、好きな勉強に部活動を挙げている。コーラス、ブラスバンド等の音楽系、バスケット、剣道、柔道、陸上等のスポーツ系、演劇などもある。この傾向は高校生にも多いが、高校生になると、将来自分がしたいこと、なりたいものの目的意識ができている子もかなりいて、大学や、専門学校の選択も、自分の未来展望と関係づけて考えている子が割合にいる。外国語が好きな子もいて、海外留学を目指す子もいる。自分の未来展望があって、目的意識を持っている子は大変よいことである。高校生を全般的に見ると、目的意識がしっかりできている子は女子に多く、男子のほうが少ない。男子のほうが、いつまでも子どもだということだ。

大学生の調査は入っていない。

わたしは、小学生の頃から、幼稚園児でもいいが、将来の夢を持たせることが大変大事だと思っている。もちろん、他愛もない夢であったり、次から次へとくるくる変わる本気かどうかわからないような夢であってもよいから、日常の親と子の会話の中で、子どもに未来の夢を話させるのが、勉強意欲を高める上でも効果があるのだ。そのときは、子どもの夢に親が批判を与えないで、どんなくだらない夢でも、そのまま肯定的に聞いておくことが大切だ。

「わたし将来は、おでん屋さんになりたい。」

と言ったら、

「あら、いいわね。あなたがおでん屋さんになったら、ママ食べに行くから、おいしいおでんを安く食べさせてね。」

と言っておけばよい。

「ぼくタクシーの運転手になりたいな。」

と言ったら、それも、

「いいわね。あなたがタクシーの運転手になったら、ママが乗るから安全運転でやってね。」

と言えばよい。冗談話でよいのである。

それをそのつどまともに受けて批判したり、けなしたり冷やかしたりすると、子どもの夢は萎《しぼ》んでしまうが、そのつど肯定的に聞いてやるようにしていると、子どもは夢を描く習慣がついて、やがて正確な目的意識が持てる子に育つ。小学生の夢は、まるで夢のような夢でよい。どんなに現実離れしていてもよい。必ず肯定的に受けとめることだ。これは学校の教科の勉強でもそうなのである。今はよくできてもできなくても、未来に夢を持たせなくては、子どもの勉強意欲を刺激することにはならない。

ある小学校五年生の女子が、算数の問題集の中にあった文章問題にわからない問題があって、母親に解き方を教えてもらおうと、問題集とノートを持って母親のところに来た。わたしは、母親が子どもに勉強を教えることは、よいことだと思っている。親が強制して子どもに勉強を煽《あお》ることはいけないが、子どもと親との話し合いで、ある一定時間、母親が付いて子どもに勉強を教えることはよいことなのだ。「最良の家庭教師は親である」という言葉もある。ただ普通子どもは、母親と一緒に勉強することを嫌がる子が多い。その理由の第一は、母親と一緒に勉強すると、教えてくれるよりも、怒《おこ》られてしまうからである。いくら怒られたって、わからないものはわからない。だから子どもに勉強を教えるときは、怒るのではなくて、よくわかるように丁寧に教えて、できたらほめればよいのである。第二の理由は、母親が教える勉強時間が長過ぎるのである。学校の授業は四〇分である。母親が教え始めると、ぶっ続け二時間ぐらいになる。これでは低学年児童では、絶対持たない。

わたしは在任中、保護者会の席上で母親が家庭で子どもに勉強を教える時間について何年生の学年を担任したときにも必ず話したが、母親が子どもに勉強を教えるとしたら、適切な時間は、一、二年生は三〇分、三、四年生は四〇分、五、六年生は六〇分で、これを越えてはならないと話した。多くの母親は、きょうの復習を、その日のうちに完璧にさせようと思うから、長時間になってしまうのだ。学校では、どの教科でも、一単元は一週間ないし二週間で仕上げる。その間は同じ単元を勉強するのである。だから母親が子どもに勉強を教えるとき、一日でわからせてしまおうと考えることが土台無理なのだ。学校は、四〇分の授業時間が終わったら、チャイムが鳴って授業が終わる。だらだらと授業を延ばす教師は授業の下手な教師であり、児童からも嫌われる。家庭の場合も、机の上に置時計を置いておいて、低学年（一、二年）の場合なら、三〇分経《た》ったらベルが鳴るようにセットする。そしてベルが鳴ったら、やり切れていようが、やり切れていまいが、そこでピタリと勉強を終わること。中学年は四〇分経ったらピタリと終わる。高学年は六〇分経ったらピタリと終わる。一分たりとも延長は絶対いけないと、わたしは担任クラスのお母さん達には話して、家庭で母親が子どもに勉強を教える人には、そのとおり実行してもらった。小学生の学習塾は、わたしはすすめなかった。ピアノその他の稽古事は、子どもが好きでやるのなら、それは大いにけっこうだが、親だけの希望で強制してはならないと話した。子どもが好きでやるなら、それは個性伸長の教育である。母親と子どもで勉強するときは、子どもが間違えてもわからなくても絶対に叱《しか》らない。「教えて、させて、できたらほめる」の一本槍《いっぽんやり》でおやりなさいとも話した。

さて前に事例に挙げた五年生の女子だが、この子は、わたしのクラスの子で、成績優秀だったのだ。この子は塾には行っていなくて、家でもだいたい一人で勉強していたのだが、わからない問題を母親に聞きに行ったのは、大変意欲的である。子どもに勉強を教えるのは、どちらかと言うと、父親よりは母親のほうがよい。父親だとすぐに怒鳴《どな》られてしまうからだ。

ところがこの日、母親は、娘が持って来た問題集の文章題の解き方が母親にもよく解けな

かったので、

「ママにもよくわからないわ。パパならわかると思うから、パパに聞いてごらんなさい。」

とすすめた。娘はパパだったらきっと教えてもらえると思って、問題集とノートを持って、いそいそと父親のところへ行った。娘から話を聞いた父親は、問題集の問題と、娘のノートをしばらく見ていたが、突然、

「バカヤロー!! お前、こんな問題がわかんないのか!!」

と最初から「バカヤロー」が飛んで来た。

「お前、五年生で学級委員だろう。学級委員がこんな問題わかんないでどうすんだ!!」

と、また怒られた。結局、父親は、問題の解き方を教えてくれて、娘もわかったのだが、その間、教えてくれた時間は七分間で残る二〇分は、質問には関係がない父親の文句を聞かされただけだった。

この父親は、娘を可愛がってはいたし、娘も父親にも母親にも、尊敬も信頼も持っていたから、親子関係には全然問題はなく、父親も学校へ来ると、とても温厚な人で、担任のわたしにも丁寧なよい人だったが、家庭にいると、娘に甘《あま》い顔を見せたくない古武士《こぶし》的な父親だったのだ。娘は外《ほか》にも算数の問題で聞きたいところがあったのだが、また文句を言われるの

は嫌なので、それ以上の質問はしないで父親の部屋を出た。

翌月、父親参観日があって、父親も出席したから、わたしは父親にこの話をして、「あなたのお嬢さんは、成績も優秀なのだから、冗談でもお嬢さんのプライドを傷つけるような発言はなさらんほうがいい。外にも質問があったようだが、遠慮して質問しなかったそうだ。この次からは、勉強のことでお嬢さんが質問に来たら、意欲的に質問に来たことをまずほめて、教えることだけを教えて、お嬢さんをけなすような発言はせずに、質問が済んだら『またいつでも聞きにおいで。』と手を振っておやりになるほうがずっといい。」

と話したら父親は、

「いやぁ、先生の仰《おつしや》るとおりです。先生のお蔭《かげ》で、あの子も学校は大好きで、いい子だとは思ってるんですが、娘だとついきつい言葉が出て。これからは気をつけます。有難うございました。父親って奴《やつ》はどうも……。アハハハハハ」

と笑って帰った。

わたしは、あのとき母親が、

「パパに聞いて来なさい。」

と言うよりも、

「明日学校へ行ったら先生に聞いて来なさい。」

と指示したほうが適切な指示だったかなとも思った。

母親でも子どもに勉強を教えて、子どもがわからないとすぐ癇癪《かんしゃく》を起こす母親も少なくないが、感情的になったら教育はできないのだ。怒《おこ》ると叱《しか》るとを混同するから、子どもに勉強をさせようとして、逆に子どもを勉強嫌いにさせてしまうのだ。子どもの勉強意欲を損なう最たる言葉は「勉強しなさい」である。これほど子どもの勉強を嫌いにさせる言葉はない。

「宿題はないの？」のほうがまだよい。これは言ってもよい。子どもが忘れている場合があるかも知れないからである。注意を喚起させることは深切《しんせつ》である。ただ、注意を喚起するのは一回でよい。子どもがやり忘れるといけないからと、何回も言ったり、今すぐ強制してさせる必要はない。それは、一面的には過保護であり、一面的には過干渉である。もし宿題をやり損ねて、翌日先生に叱られるのであったら、叱られればよい。それは、自己責任である。

諸外国の家庭教育の仕方は、自己責任を非常に強調するのであって、親は基本的な大事なことは教えるが、微に入り細にわたって干渉することはしない。後は結果がどうなっても、それは自己責任だと教えるのである。自己責任感を育てることは、大変重要なことなのだ。自己責任感が育っていない子どもは、勉強に限らず何事でも、見通しが甘くなる。

たとえばイラクへボランティア活動のつもりで周囲の人達が止《と》めるのもきかずに出掛けて行って、テロ組織に捕縛されて殺害された日本人青年がいるが、被災地の市民を支援しようと思う発想自体は決して悪いことではない。だが現地の状況判断が、極めて幼稚で甘かった自己責任感の欠如の結果である。自己責任感が育っていない人間は、大人でも子どもでも甘ったれである。

学力の優劣や、教科の成績の上下は、子どもの人間的価値を決定するものではなく、得意と苦手だけの問題で、それがその子の将来の運命には何ら関係のないことだから、親がそれをあたかも金科玉条《きんかぎょくじょう》のように考える必要は毛頭ないが、教科の評価そのものが、つまり成績が上がるか下がるかは、あくまで自己責任である。だから全教科の評価がよくなければならないということはないので、得意な科目も苦手な科目も当然あってよいわけで、苦手な教科を特訓して得意にさせようとする必要はない。むしろ得意な教科や好きな教科に類する勉強を、子どもの好きなままに際限なく自由に勉強させたほうが、将来的にも子どもの役に立つ。今、世界のスポーツ界でアイドルになっている「福原愛《ふくはらあい》ちゃん」も、その例の一つである。これは才能教育である。

大学や専門学校、それに特別な高校は別として、通常の小・中・高校は、子どもが将来、極めて普通の社会人として通用する一般的な知識や技能、そして集団適応性を教育する。それに対して家庭は、学校で学んだ基本的教養を元にして、子ども一人々々の個性に合った才能を伸ばす教育をすると、分けて考えるのが、家庭教育本来の姿である。

したがって、中学生以上の子どもについては、家庭で親が子どもに教科の勉強を教える必要はない。もし中学生以上の生徒で、教科の勉強の中で特にわからないことがあって困《こま》る場合は、自己責任で自分がその教科の担当の先生に質問をして教えてもらえばよい。この場合、生徒の質問に答えて教えるのは、教師の当然の役目である。小学生の場合は、自分のわかっていないところがわかっていない児童もいるから、親がそれを発見したら、そのわからないところを、親が教えることもよいことなのだ。「ここがわからない」とわかっている子どもであれば、翌日や翌々日、あるいはその日の放課後に、担任の先生に質問すれば、これがいちばんよいが、親が教えてもよい。

だから、家庭で親が子どもに勉強を教えることはよいことではあるが、成績を向上させるための特訓ではなくて、子どもが今、理解できていないと思われる箇所を拾い出して、それを、きょう全部ではなく、何日かをかけて教えればよいのだから、特訓型の長時間勉強や、強圧的な教え方をすると、子どもは、わからないところがわかるよりも、勉強そのものが嫌いになってしまう。

わたしが担任したクラスでは、どの学年のどのクラスのときにも、テストをした後には必ず、

「きょうのテストの問題に、わからないところがあって、聞きたいところがある希望者は残れ。」

と言って、そのつど居残り勉強をさせたが、「希望者は」だったから、一〇〇点を採った児童の中にも居残り希望者が出て、

「お前、一〇〇点だったろう。残る必要があるのか。」

と聞くと、

「もう一回聞くと、忘れないから残りたい。」

とか、中には、

「居残り勉強はおもしろいから残る。」

などと呑気《のんき》なことを言う児童もいて、こんな調子だから、強制されて残されたという児童はいないから、居残り勉強に劣等感を持つ児童は一人もいなかった。「居残り塾」にでも来たような感覚で、回数を重ねるごとに居残り希望者が増え続けて、しまいには、わたしに、

「きょうは満員だから、一〇〇点を採った者と九〇点台の者は遠慮しろ。」

と言われる日もあった。

居残り勉強があった二、三日後には、毎回前回のテストと同じか、またはよく似た問題でテストをして、そうすると前回はできなかった子のテストの得点が間違いなく上がるから、

「お前、よくできるようになったな。やればできるってわかったろう。」

と自信をつけさせた。

すると、その教科が苦手だった児童も、苦手だった教科の勉強に意欲的になり、理解度も高まるので、テストの点も上がることになって、居残り勉強は、子どもにも親にも歓迎された。

わたしは、いったん登校した児童の学校内での児童に関することは、一切わたしが担任としての責任において全部わたしがするという方針だったので、この居残り勉強方式を採ったのだが、結果はそれなりの効果があった。

本来家庭は、勉強を教える場ではない。勉強を教える場は学校である。だから、家庭で勉強しないからと言って、その子が怠《なま》け者だということにはならない。

しかしながら、家で勉強してはならないということにはならないし、教えてはならないと

いうことではないから、親が子どもに勉強を教えることはよいことなのだ。ただ、勉強というものは、意欲を刺激して、やる気を起こさせなくては、子どもが本気で勉強することにはならないし、本気でやらなくては力もつかない。したがって、親が家庭で勉強を強制したり、「勉強しろ、勉強しろ」と煽《あお》ったり、また親が勉強を教える場合、叱《しか》りつけながら教えたり、特訓式に長時間子どもをしめ上げたりしたのでは、子どもの勉強意欲を失わせることはあっても起こさせることはできない。教えて、させて、できたらほめるで、時間は短く、テンポはゆっくりで、結果を急がず、勉強そのものの中身の出来不出来より、やる気を起こさせるように、明るく励ましながらやらせることが大切である。

＊勉強意欲が育つ子と勉強意欲が育たない子

子どもに勉強意欲が育つか育たないかのプロセスは、次の二とおりの相違による。まず勉強意欲が育つ子の心のプロセスは、

「①おもしろそうだ↓②やってみよう↓③できそうだ↓④できた↓⑤もっと挑戦しよう」

となる。

反対に、勉強意欲が育たない子の心のプロセスは、

「①難しそうだ→②やる気がしない→③できそうもない→④やっぱりできない→⑤やめた」

となるのである。そこで子どもの勉強意欲を育てるには、最初のスタートを「おもしろそうだ」から入るように仕向けることが必要なのだ。

これと反対に「難しそうだ」と思わせるところからスタートさせると、その子は勉強意欲が育たない方向へ、心のプロセスを歩むことになりやすい。このことは、小学生でも、中学生でも、高校生でも同じである。

教科の勉強に入るのは、小学校の一年生からだ。このとき、勉強を「おもしろそうだ」からスタートさせるためには、小学校就学以前に家庭でさまざまな学習教材社が販売している学習ドリルを購入して親がドリル学習をさせないほうがよい。あらかじめそれをさせておくと、一年生入学直後から、勉強がしやすくなるかと言うと、実は逆になるのである。その理由は、販売されている学習ドリルは、大人が見ると、やさしそうに見えても、学校の一年生の教科書よりは、内容的に量も多く高度なのである。そこへ親が業者の広告文や宣伝に乗って、学力優秀児でスタートさせようと思って強制してさせようとすると、そこの時点から、子どもは親の期待とは反対に「難しそうだ」からスタートすることになる。その上、文字の

書き方や数字の書き方を特訓的に教えられたり、数の数え方を何回もやり直させられたり、計算訓練をさせられたりすると、幼児は、じっと座っていること自体が難しいのだから、興味より苦痛を感じるようになる。それに加えて、親の教え方のほうがたいていの場合は学校よりも厳しいのである。時間も長い。それらが複合して、教室での勉強を「おもしろそうだ」からスタートさせようと思って始めた入学前学習が、逆に「難しそうだ」からスタートさせる結果を招いてしまうのだ。

就学前の子どもは幼児だから、教科のドリル学習をさせるのではなく、よい本を読んで聞かせたり、自由に遊ばせたり、いろいろなところへ連れて出たり、母親と子どもとの会話の中で、子どもの感性を育て、時と事と場に応じて、してよいことと、してはならないことをわからせたり、自分のことを自分で処理できる力を育てたり、あいさつが上手にできるように躾《しつ》けたり、基本的な生活ルールを学ばせることに力を入れるほうが、小学校入学後に集団適応性のある子に育って、集中力や注意力が育つから、このほうが授業中にも先生の話がよく聞けるようになって、教科の学力的にも伸びのよい子になるのである。

一、二年の児童に漢字を覚えさせようと思ったら、漢字学習を遊戯化すると効果がある。カルタ取りをするのである。たとえば花の絵を描いたカルタ大の厚紙と、「花」と書いた同じ大きさの厚紙とを用意し、漢字カードを床とか畳の上にバラまいて、親は絵カードを持ち、ある絵をパッと子どもに見せたら、子どもがバラまかれた漢字カードの中から、見せられた絵に相当する漢字を探して取る。ときには絵と漢字を逆にして、親が文字カルタを子どもに見せて子どもが絵カルタを取る。毎回子どもが取る側に回るだけでなくて、たまには、親が絵カルタを子どもに見せながら、親も文字カルタを取る。つまり子どもとカルタ取りをする。また今度は親が文字カルタを見せながら、親も絵カルタを取る。ときどき親のほうが、わざと負けてやると、子どもの興味がつのる。毎回負けていたのではだめだ。こうすると、漢字学習が学習ではなくて親子の遊びになるから一時間ぐらいはあっという間に終わってしまう。それで子どもは退屈もせず叱《しか》られもせず、漢字の覚えもよいのである。

ひらがなやカタカナもこの方式でできるし、算数のたし算引き算の練習もこの方式でできるが、あまりあれもこれも同じ方式を用いると、子どもも飽きるから、もっとも効果的なのは漢字学習の遊戯化である。この学習法は右脳開発型教育で、右脳の開発は、今、子どもにも大人にも推奨されている。この方式だと、勉強ではなく遊びだから、何も小学校一年生でなくても、三歳児からでもできる。漢字を書けるようにさせるのが目的ではなくて読めるようにさせるのが目的のやり方だから、書かせることは必要ないのだが、事実、書けるようにもなるのである。

とにかく、勉強は強制したり叱ったりしたのでは伸びない。躾けの場合は、伸ばすことと止《や》めさせることとがあるから、ほめることも叱ることも必要だが、勉強は伸ばすことしかないのだから、叱ったのでは伸びないのである。だから、子どもが学校に入ったら、勉強は学校でするもの、家庭は勉強以外の、豊かな感性や思いやりの心、困難にめげず前向きにたくましく生きる力、理想を持って人のために役立てる人間になろうとする規範《きはん》意識と自己責任感、それに、個性に応じた才能を伸ばす、これらが親の果たすべき子育ての目的であり責任であることをよく知って、目的意識のしっかりした子に育てることを忘れてはならない。

中学生になれば高校受験、高校生になれば大学や専門学校受験のハードルもあり、あるいは子どもによっては高校を出てすぐに社会に出る子もあるだろうが、どの道を進んでも「神の子・無限力」には変わりはない。人生の進路は子ども自身の選択でよい。好きな勉強なら子どもは強制しなくても叱らなくてもいくらでもする。

子育てはあくまで子どものための子育てであって、親のための子育てではない。子どものための子育てに徹した親ほど、子どもに尊敬され信頼され、結果的には、子どもに尽くされることになるのである。知育偏重、成績至上主義、名門校志向をやめることだ。勉強、勉強で子どもを縛ることをやめることだ。それが逆に、子どもの勉強意識を育てることになる。勉強であろうと、その他いかなることであろうと、意欲が出なければ、子どもは前向きには進まない。どんなことにせよ、子どもの生命を正しく伸ばすには、広い心で明るく励まして育てることが何よりも必要である。

11　正しい性教育のあり方

＊間違った性教育は有害無益である

学校教育で授業の中に性教育が採《と》り入れられてから、もうかなり久しくなるが、青少年の性道徳が向上したかと言うと、現実はそうは言えない。むしろ低下しているとさえも言える。今の女子高校生で性体験のある生徒は半数を越えている。青少年に限ったことではなく、大人の性道徳も低下している。甚《はなは》だしいに至っては、教師が女子生徒に猥褻《わいせつ》行為をしたとか、警察官が少女に猥褻行為をしたという事件まで起こっていて、少年少女に大人への軽蔑《けいべつ》や不信感を持たせる犯罪行為が生じている。このようは不埒《ふらち》な大人も、その大半は、学校で性教育の授業を受けた大人である。

「エンコウ」と呼ばれている女子高校生の援助交際も、売春防止法が施行されている現在でもある。援助しているのは大人である。メル友で知り合った男性と交際して生命を奪われる被害に遭《あ》った女子大生もいる。ストーカーが横行したり、通学や塾の往復、サークル活動や友達の家の往復に見ず知らずの男から襲われる女子高校生や女子中学生の被害もある。小学生の女子が誘拐される事件も発生する世相で、子どもまで巻き込む性犯罪が増えている。

正しい性教育がしっかりなされることで、少年少女の性道徳意識が高められていれば、不純異性交友もなくなって来るし、性犯罪も未然に防止することもできる。今の子どもは、性知識は小学生でも高められているが、性道徳を高める教育は、性教育が学校の授業に採り入れられている割には、意外とお粗末である。

ある小学校では、一年生の児童に性教育の授業で、男子と女子の性器の名称や形を、図示して教えたり、赤ん坊が生まれる過程をこれも裸体の男女の図を見せて教えた教師がいて、保護者から「行き過ぎだ」と批判を受けた小学校があるが、児童の発達段階を無視して、不必要な性への興味や刺激を誘発させるような授業を、性教育の授業と称して行うことは、教師として何とも不見識極まりない話である。

別のある性教育のモデル校と称する小学校では、保護者の授業参観日に、性教育の授業を保護者に公開して、男女一対の裸像の人形を教室に持ち込み、人形を使って性交をさせて見せる授業をした教師がいて、ＰＴＡで大問題になり、その教師は校長および教育委員会から訓告処分を受けた例もある。

ところが、これが小学校だから「性教育の行き過ぎ」として問題になったのだが、中学から高校になると、この程度の性教育は、当然のことであるかのように行う学校が増えて来る。ある高校に至っては、授業中に生徒に避妊具を配布して、その使い方を指導する教師もいるが、ここまで来るとそれはもう、性教育ではなく、不純異性交友奨励教育である。

東京の渋谷は、中学生や高校生、その他大勢の若者が昼夜と問わずひしめく街だが、その渋谷の、ある産婦人科病院の医師の話によると、毎日、一人や二人の女子高校生が妊娠中絶の手術を受けに来るという。

性教育が学校教育で取り上げられるようになったのは、戦後しばらく経《た》ってのことで、それが正式に授業に位置づけられたのは、さらに後のことである。だから過去の時代には、性教育はなかったのだが、性教育のセの字もない過去の時代のほうが、少年少女はもちろん、大人も性道徳意識は遥《はる》かにしっかりしていた。間違った性教育は百害あって一利もない。現代のように情報網が発達し、プラス・マイナスあらゆる情報が瞬時にしてキャッチできる情報過剰《かじよう》な時代に、青少年児童の健全育成のためには、正しい性教育は大いに必要だが、間違った性教育をするくらいなら、むしろ性教育などやらないほうが有益である。

＊正しい性教育は性の尊厳を教えることである

すでに本書の父親と母親の役割について記した項で述べたように、男性には男性の天分があり、女性には女性の天分がある。日本の古書である『古事記』の神話によれば、男性は伊《い》邪那岐《ざなぎ》原理の人格化であり、女性は伊邪那美《いざなみ》原理の人格化である。伊邪那岐原理はタテを表わし、秩序を象徴している。一方伊邪那美原理はヨコを表わし、調和を象徴している。男性は秩序を具現《ぐげん》するのが男性の天分で、天分は神の使命だから、男性は真っすぐに立って自己の内に秩序を確立し、秩序を生活に生きなければならないたくましさが必要である。一方女性は調和を具現するのが女性の天分で、それが神の使命だから、水平に広く広がって、自己の内に愛の心を確立し、広い心で調和を生活に生きなければならないのである。

この世界はすべてタテとヨコから成り立っている。高い低いはタテである。広い狭いはヨコである。前後はタテである。左右はヨコである。タテだけでは世界は成り立たない。ヨコだけでも世界は成り立たない。世界を現象として形に現わすには、タテとヨコがなければならないように、人間社会も男性だけでは成り立たず、女性だけでも成り立たないのである。男性は自ら男性の天分を全《まっと》うすると共に、女性の天分も尊敬し礼拝《らいはい》する。女性もまた、自《みずか》らの天分を全うすると共に、男性の天分も尊敬し礼拝する。ここにおいて男性と女性は、神の秩序において平等である。これを男女平等というのである。男性が女装して街を歩いてみたり、女性用語を使ってみたり、なよなよしているのは、男性の天分を全うしていないのであって、神の秩序を冒瀆《ぼうとく》するものである。一方女性が男装して街を歩いたり、男性用語を使ったり、啖呵《たんか》を切って突っ張っているのは、女性の天分を全うしていないのであって、神の秩序を冒瀆するものである。男子には男性の天分を全うすることをしっかり教え、女子には女性の天分を全うすることをしっかり教え、それぞれ相手の天分を尊敬し合い、礼拝し合い、神の秩序において人格は平等であることをしっかり教え、性の尊厳をわからせるのが正しい性のモラルであり、性道徳である。性知識を救えるのが性教育ではなく、性道徳を子どもの心に確立させるのが、正しい性教育なのである。

＊ジェンダーフリーは亡国の思想である

最近は、ジェンダーフリー思想を唱える一連の人々がいて、ジェンダーフリー思想は学校教育の中にも流れ込んで来ている。性差別撤廃という思想である。現代は女性の社会進出が普及して、官公庁でも企業でも、雇用機会均等法が施行され、男性も女性も平等な条件で平等に採用され、給与格差も昇進にも男女格差はなくなって、男女共同参画社会になった。このことは、ジェンダーフリーとは関係ないことで、女性の社会進出は大いに奨励されてよいことなのである。雇用機会均等法の施行も、職場の採用や給与や、昇進に男女格差がなくなったことも、大いに歓迎されてよいけっこうなことである。それはそれでよいのだが、職場での仕事や待遇のことではなく、一般生活上に、男性も女性も、何でもかんでも、同じことを同じようにするのがよいのだという考え方は、男女平等ではなくて、男女混同である。性差別撤廃を唱えるジェンダーフリー思想がこれである。

ある小学校では、運動会で「かけっこ」をさせるのに、ワンレースに男子と女子を混合にしてスタートラインにして、性差別なしに混合で走らせる小学校がある。

また別のある小学校では、これまでは男子トイレと女子トイレが別室になっていたのを、男女共用のトイレに改装するのがよいと、職員会議で主張した何人かの教師があって、その提案が可決されて、改装を教育委員会に申請したが、教育委員会が承認せず、不発に終わったという小学校の例もある。

　またさらに別なある小学校で、六年生が宿泊をともなう校外行事のおり、宿泊施設の部屋割りを男女別でなく、男女混合で同室に寝かせる計画を立てて「しおり」も作製して発表したが、保護者からの猛反対を受けて、計画立て直しになったという例もある。これらのことはすべてジェンダーフリー思想が学校教育の中にも浸透して来ている例である。中には、男子にもスカートをはかせてもいいのではないかと発言する教師がいた小学校もあるという。

　街なかには、たまに大人の男性が女性のようにスカート姿でネックレスをして、指輪やブレスレットをして、会話も女性用語で話す男性を見かけることがある。これもジェンダーフリー思想である。中には医学的処置で性転換をしたいなどと考える人もいるが、人間は生命が人間であって肉体が人間ではないから、神の使命を持って男性と生まれ、あるいは女性として生まれて来た生命を医学的処置で転換などできるわけがないのである。

　歴史的に見ても、かつてヨーロッパからエジプトまで支配の手をのばした大ローマ帝国が滅亡したそもそもの原因は、ローマ国民の性モラルが崩れて同性愛が流行した国民大衆の性意識の堕落《だらく》から始まったのである。ジェンダーフリー思想は、亡国の思想である。

12　上手なほめ方と叱り方

＊ほめて伸ばす、叱ってやめさせる

子どもは、ほめることが必要だ。子どもの欠点を叱《しか》ったら、美点が伸びるわけではない。美点が伸びなければ、その子は向上しない。欠点は、その文字が示すとおり、「欠けている点」ということである。何が欠けているかと言うと、美点が欠けているのである。子どもは神の子だから、あらゆる美点がその子の内に潜在しているのだが、その美点がまだ引き出されていない空白の部分が欠点なのだ。つまり「今ない面」を欠点というのである。だから欠点指摘主義は、「ないもの」にだけ視点を集中して、「ないもの」を何とかしようとしても「ないものはない」のだから、どうにもなるはずがない。

コップの水が、汚れて濁って見えているとき、その水をきれいにしようと思って、その濁った水をいくら掻《か》き回しても、コップの水はきれいにはならない。ではその水はどうにもならないのかと言うと、放っておけばどうにもならない。濁った水をきれいにするには、きれいな水を入れればよい。コップの濁った水を空《あ》けてしまって、コップを洗って、改めて水を入れ直してもコップの水はきれいになるが、コップの水を空けたり、コップを洗っている間に、手が滑ってコップを割るかも知れない。そんなことをしなくても、コップの汚れた水はそのままで、新しいきれいな水を上からどんどん注げばよい。すると汚れた水は溢れて出て、すぐにはきれいにならなくても、きれいな水を注ぎ続ければ、否応《いやおう》なしにコップの中の水は全部きれいに澄《す》み切ってしまう。教育は、この原理を使うのである。

子どもの欠点を直すには、子どもの今現実にある美点を見つけて、そこをしっかり認めてほめて、美点を広げればよいのである。

＊上手なほめ方

子どもをほめると言っても、ほめなくてもよいことまでほめる必要はない。ほめたらほめられたことが伸びるから、ほめなくてもよいことをほめれば、ほめなくてもよいことが伸びてしまう。これはほめるではなくて甘《あま》やかしである。甘やかされて育った子は、大人になっても甘ったれの大人に育つ。

上手なほめ方は、どんな些細《ささい》なことでも、子どもがした善《よ》いことを、その場で見逃《みのが》さずに発見して、その場でほめるほめ方である。善いことをしたときは、子ども自身が自分でも善いことをしたと思っている。その思いを子ども自身が意識の中から忘れないうちに再認識させるのが上手なほめ方の一つである。

また上手なほめ方は、子どもが自分では気がついていない子どもの善い面を、子どもに気づかせるのも上手なほめ方である。子どもが自分にはできないと思い込んでいることを、

「そんなことはない。あなたなら、やってみたら絶対できるよ。」

と気づかせることも上手なほめ方である。何かに失敗して落ち込んでいたら、

「元気を出しなさい。失敗は成功のもとだよ。」

と勇気づけるのも、上手なほめ方である。

子どもが怪我《けが》したり病気になったりしたとき、あまり冷淡な顔をしていたり、にこにこ笑ってるわけにも行かないが、逆に大げさに心配して、子どもを不安に思わせるようなことを言わないで、

「あなたはもともとが丈夫な子だから、すぐに治るから大丈夫よ。」
と明るく励ますのも、これも上手なほめ方の一つである。要するに子どもに自信を与える親の発言は、すべてが上手なほめ方であって、ただ、「いい子だ、いい子だ」言っているだけがほめることではないのである。

親から見ると、子どもの欠点は見つけやすいが、子どもの美点はなかなか見つけにくいものなのだ。それは子どもがよくできている点は、当たり前だと思って見過《みす》ごすからである。当たり前のことが当たり前にできれば、それが善い子なのだから、そこをしっかり評価して、当たり前のことを、当たり前にする意欲を刺激しなくてはならないのである。それを「ほめ上手」というのである。ほめ上手な親は、必ず子どもを善い子に育て、よい大人に育て上げる。学力の優劣は関係ないのである。

＊成績に捉われず、幅広い勉強は大いにさせて大いにほめる

前の章で、漢字のカルタ取りの話をしたが、成績に捉われると、一年生には一年生の教科書の中から、今習っている単元の中に出て来る漢字でカルタ取りをしてみようかと思う。だ

が、この漢字のカルタ取りの漢字は、現在習っている漢字とは限らないのがよいのである。身の回りにあるもの、何でも絵札と漢字札にしてカルタ取りをする。字画の難しさは関係ない。

英語の勉強をするのにも、「B・O・O・K」と書いて、これが「Book」で、「Book」とは本のことだと覚える勉強の仕方は、もっとも下手クソな勉強の仕方なのである。本を見たらすぐに「Book」という単語をイメージでき、「Book」と言ったらすぐに本がイメージできるという勉強の仕方が上手な英語の勉強の仕方なのだ。花の絵を見たらすぐ「花」という漢字のイメージが浮かぶ。「鳥」という漢字を見たら鳥の姿がイメージできる、この勉強の仕方が、漢字の上手な勉強の仕方で、これがカルタ取り方式の一年生の漢字の学習法である。

だからカルタ取りに出す漢字は、一年生の漢字でも二年生、三年生の漢字でも、四年、五年、六年の漢字でも関係なくどんどん出してよい。また出すほうがよいのである。蝶、虫、蟻、机、鍋、釜、子どもは字画で覚えるのではなく、形で覚えるのだから、字画の難易は関係ない。特に親が知っておかなくてはならないのは、三歳児から六歳児の暗記力は抜群だということである。三歳児から六歳児の暗記力は、一二歳、一三歳の六年生や中一の子より遥かに勝《まさ》る。多くの親は、こういうことをほとんど知らないのだ。それで学校のテストの点数や通知表の成績だけで、わが子の能力を評価しようとするから、とんでもない間違いをするのである。幼児に本を読んで聞かせるのがよいのもこのためだ。和歌でも、俳句でも、諺でも、親が覚えさせようと思うのではなく、いつも小一の子の前で言っていると、一年生の子は、知らぬ間に、聞いた和歌や、俳句や、諺を、正確に言うようになる。その意味など知る必要も、教える必要もない。そんなものは、子どもが高学年頃になれば自然にわかるし、その頃になって、子どもに聞かれてから教えても遅くない。

同様の理由で、二、三歳の幼児でも、幼児語をわざわざ使って話すのではなくて、何でも正式な名称で幼児に話すことが大切だ。

犬を見たら「わんわん」などと言わずに「犬」と言う。

「お手手」などと言わずに「手」。

「あんよ」などと言わずに「足」。

「たっちしましょ」などと言わずに「立ちましょう」。

「ねんねしましょう」ではなく「寝ましょう」か「眠りましょう」。

「……しまちょ」などと間違った国語を教えてはならない。必ず「……しましょう」と、必ず何でも、親は正式な正しい日本語で幼児に話しかけることが大切だ。

わたしは一年生を担任したことがあるが、入学式の最初の保護者会で、お母さん方に、このことを話して、児童の持ち物に書く名前は全部漢字で書いてもらった。教室の児童の机に名札を貼《は》ったが、わたしはそれも全部漢字で書いた。児童を呼ぶときは「何々ちゃん」などとは呼ばず、男子も女子もフルネームの全員呼び捨て。教室に掲示する時間割表も全教科漢字で書いた。わたしが学年主任だったから学年全クラスとも、この方式で指導したが、この年の一年生は、どの学年の先生が見ても、三年生かと思うほど、生活態度もしっかりしていて、学校中で評判だった。三年生の学年末がクラス替えになっていたから、わたしは三年生までこの学年を担当したが、三年生になった頃には、全校朝礼で朝礼台に立った週番の六年生担任の女性教諭が、

「三年生を見なさい。」

と全校児童に注意を呼びかけるほど、整列もしっかりした児童に育っていた。

小学校一年生の児童の能力を、幼児扱いにしてはならないのである。教科の成績を上げようとして、教科の勉強だけをしっかりさせようとして、成績向上だけに視点を集中して、勉強を強制したり叱《しか》ったりするからいけないので、成績にこだわる勉強ではなく、子どもの才能発揮の能力は、大人ではとうていおよばぬほどの素晴らしい能力を持っているのであるか

ら、幅広く子どもを見て、子どもが持つ才能を伸ばすための勉強ならば、親の強制によらない限り、子どもがどんなに幼い頃からでも、どんどん勉強させてよいのである。そして、はじめは下手でも、ただわけもわからずほめるのではなく、どこか善いところを見つけて、どんどんほめれば、本当に子どもは、親のほうがびっくりするほど、素晴らしい力を必ず発揮するのである。幼児や小一、小二の児童に潜在している力を見くびってはならない。

＊上手な叱り方

子どもを叱《しか》ってはならないという考えは間違いだ。伸ばすには叱ってはだめだということで、「Stop」をかけるときには、ちゃんと止《や》めるように、しっかり叱らなくては何の効果もない。効果がない叱り方を空《むな》しく繰り返すことは、子どもには親の愚痴《ぐち》程度にしか感じられなくなり、叱っても無視するようになる。そのうち親のほうが、「どうせ言ってもきかない」と諦《あきら》めて言わなくなってしまうので、子どもは「やった!!」と思い、いくら言われてもやらずにいれば、そのうち親が諦めて言わなくなると思うようになって、それからは、親の叱りは効果なしになってしまう。曖昧《あいまい》な叱りなら、むしろしないほうがよい。幼い頃には甘《あま》やかすだけ甘やかして、子どもが小学校の高学年から中学生になる頃になって叱っても、叱りの効果は少ないのだ。だから、してはならないことは、幼児の頃から一貫して、例外なく絶対させない。したり、しようとしたら必ず叱る。そうでないことは叱らないと、叱りに一貫性があることが、上手な叱り方の第一である。

他人に迷惑のかかることは絶対してはならないと、自分の身体生命に危険がおよぶ恐れのあることは絶対してはならないの二つは「わが家の憲法」として、幼児の頃から、しっかり教えておくとよい。一回ではなく、何でもないときに、普通の会話の中で、おりに触れて繰り返し言って、子どもの心にしっかり植えつけておくことだ。「何をするときにも、必ずこの二つをまず考えてからしなさい」と、十分過ぎるほど何回も話して、徹底して印象づけておくことだ。この二つをしっかり子どもの心に自覚させただけでも、子どもを叱らなくてはならない材料はかなりなくなるはずである。

そうすると、勉強しないのを、叱ってはだめで、成績がよくないのも叱ってはだめだから、後は叱ることと言ったら、ほとんど日常生活の細かいことになるだろうが、細かいことというのは、叱りつけるよりも、日常的に子どもに注意を促《うなが》せばよい。注意を促すのは、一回言ったら次にはわかるだろうと思ってはだめなので、これは躾《しつ》けだから、何回でも何十回でも同じことを、一貫して同じように注意して、根気よく習慣づくまで、毎回注意をし続けることだ。これは叱るの中に入らない。指導である。「叱る」と「指導する」とを混同しないことが大切だ。

叱るは「Stop」だから、やめさせるには効果があるが、させるには効果がないものであることも知っておく必要がある。叱ってよくしようと考える親が多いのだが、ここがそもそもの間違いなのである。「叱る」は「Stop」させるときだけで、「Go」はほめなくては、「Go」にはならない。「怒《いか》る」は、ほめるでも叱るでもない。「怒る」は子どもとのケンカである。ケンカは指導にはならない。子どもが言い返さずに黙っていてもケンカである。始終《しじゅう》子どもを相手にケンカをしていたのでは、子どもは親の言うことをきくようにはならない。叱ることと怒ることとの違い。叱ることと指導することとの違い。叱るのは「Stop」のときだけ。その他は叱るのではなく指導する。この区別をしっかりして子どもに対処すれば、上手な叱り方ができて、その効果もあがる。

13　受験生を持つ親の心得

＊受験はスポーツの試合と同じ

高校受験にせよ、大学受験にせよ、受験生は今自分がオリンピックに出場する選手と同じ立場に立っていることを自覚することが必要だ。オリンピックの選手は、どの種目の選手でも、何の準備もなしに、思いつきで出場する選手はいない。監督の特訓に次ぐ特訓、それに自己トレーニングの継続と、必ず勝つとの信念と気力があって出場し、全力を傾けて試合に臨み、戦い、信念と気力と粘りの総合の結果として、メダルを獲得することもできるのである。それでも試合は勝つこともあれば負けることもある。受験もこれと同じである。

受験はしたいが勉強はしたくない。そんな甘ったれは、はじめから受験などしないほうがよい。高校を出なくても、大学を出なくても、人間力があれば、いくらでも人生を開拓することもできれば、人生の勝利者ともなれるから、それはそれでよいのだが、高校入学、あるいは大学入学というメダルの獲得を狙《ねら》いながらそれに至る自己責任を回避して、努力は嫌だがメダルは欲しいというような甘ったれでは、受験に限らず、将来大人になって社会に出ても何にもできない。

受験生を持つ親の心得の第一条は、高校生になるのが当たり前、大学生になるのが当たり前と思わないことである。高校や大学または専門学校は、義務教育機関ではないから、ハードルを越えなければ入れない。だから、どこの高校または大学、専門学校を受験するか以前に、

「あなたは高校へ入りたいのか、入りたくないのか。」

「あなたは大学（または専門学校）に入りたいのか、入りたくないのか。」

を親の意志ではなく、子ども自身の意志として、はっきり言わせることだ。

次いで、

「高校入学（または大学、専門学校）には入学試験があるが、あなたは受験したいのか、受験したくないのか。」

と聞いて、その答えも、はっきり言わせることだ。

「受験しないでも入れる高校（または大学・専門学校）へ行きたい。」

と言う子がいたら、

「そんな学校はない。」

と、きっぱり教えればよい。こうすることで、子どもは受験を自分のものとして意識するようになる。その上で、

「受験したければ勉強しなさい。」

と言えばよいのである。

受験は自分のものという意識をしっかり持たせることをしていないから、高校受験や大学受験、特に高校受験に対する子どもの感覚が甘いのだ。

高校へ入りたくない子なら、無理に高校を受験させる必要はない。大学でも専門学校でも、入りたくない子を無理に受験させる必要はない。親にこの姿勢がしっかりできると、

「勉強しなさい。」

と言ったら、

「高校なんか行ってやらねえ。」

などと言い返す甘ったれがいなくなるのだ。親が子どもに高校へ入ってもらうのではない。

子どもが自分で高校に入りたいから受験するのである。そして合格するためには、受験勉強をしなければ合格できない。だから自分の目的を達成するために勉強するのは子どもの自己責任である。こうした親の毅然《きぜん》とした姿勢がないと、高校受験や大学受験、専門学校の受験でも、自分のものとして捉《とら》えず、半《なか》ば親のために受験させられていると思っているような甘ったれが出て来て、それが受験はするが勉強はしたくないという方向音痴《おんち》の子になるのである。

＊受験する学校の選択は子どもの意志で決定すること

受験生を持つ親の心得の第二条は、学校選択の仕方である。学校選択には、親のアドバイスは必要だが、選択は最終的に子どもにさせるのがよい。

千葉県の高校一年の男子の例だが、その子は中三で成績優秀だった。進学塾の評価もよかった。そこで高校受験のとき、二校受験したのだが、第一志望校には親が選択した高校を、第二志望にはその子自身が志望した学校を受験することにした。彼は成績優秀だったので、二校とも合格した。親が選んだ第一志望校は名門校だったのだが通学距離が遠いのだ。片道約二時間近くかかる。結局、親の強いすすめで彼は名門校である第一志望校に入学した。ところが、入学後、学校で些細《ささい》なトラブルがあって彼は不登校になった。そのとき彼は、「本当は自分は第二志望だった高校に入りたかったのに、親がこの学校へ入れたから、親のせいだ。」

と言って、頑《がん》として登校を拒《こば》んだ。入学した第一志望校は私立校で、彼が行きたかった第二志望校のほうが県立高校だったのだが、これが中学なら、義務教育学校だから、公立中学であれば転入がきくが、高校ではそうは行かない。結局、彼はせっかく合格した名門私立高校を退学したが行く先がない。親も苦労した揚《あ》げ句《く》、定時制高校へ何とか入ることができて、今は定時制高校に通っている。似た例は外《ほか》にもある。合格して毎日通うのは子どもだから、子どもが行きたい高校を受験させるのが、入学してから、子どもが意欲的に頑張れるようになるのである。

別にこういう例もある。子どもが希望した高校は、その子の実力ではちょっと危なかったのだ。そこで担任の先生のすすめもあって、これも親が子どもを説得して、一ランク下げて受験させて合格した。子どもが希望した合否すれすれだった高校は、子どもが中学の頃から好きだったバスケットボールの強い高校だったのだが、一ランク下げて合格した高校には、バスケット部はあったにはあったのだが、他校との試合などには一度も出たことのない高校だった。彼は大好きだったバスケットボールで活躍するチャンスがなくなったことで、学校がつまらなくなり、この子も不登校になって、今も不登校である。彼の場合は彼の志望校だった高校が、無理とわかっていても、すべり止《ど》めの高校をつけて、二校受験させたら、受験勉強に意欲も湧《わ》いたであろうし、場合によっては合格していたかも知れない。また合格できなかったとしても、受けて落ちたのなら、子どもも納得できただろうし、一応は気も済んだはずだ。こういうこともあるから、受験校の選択は、子どもの意志で決定させるのがよいのである。

＊勉強を強制せず、煽らず、明るく励ますこと

受験生を持つ親の心得の第三条は、勉強を煽《あお》るのではなく、明るい言葉で子どもを勇気づけ、励ますことだ。

「受験するなら勉強しなさい。」

これは最初の一回だけ言えばよい。後は言わないことだ。受験生の親はどうしても子ども

の受験の合否が心配になるから、つい「勉強しろ、勉強しろ」と煽り立てたくなるので、それは親としては当然の心情ではあるけれど、それが、かえって逆効果になる。もちろん、高校にせよ、大学や専門学校にせよ、受験する以上は勉強は必要だ。だが、子どもでも大人でも、強制されたら意欲を失うのである。受験するのは子どもだから、勉強しなかったら困るのは子どもであって親が困るのではない。受験して落ちるのは悪いことだとか、落ちたら親が困るように思うから、子どもを勉強に煽り立てることになるのである。合否は子ども自身の自己責任であって、親の責任ではない。受験勉強が嫌なら受験しなければよい。勉強しなくても確実に合格できる自信があるなら、勉強する必要はない。いずれも子どもの自己責任である。受験勉強に限らず、親から「勉強しなさい」と始終《しじゅう》言われるのが嫌で、勉強しなくなった子はいくらもいる。だから勉強は煽るものではなく、やる気を起こさせるものだ。それには「勉強しろ、勉強しろ」と言わないほうがよいのである。それより大事なのは、明るく子どもを励ますことだ。

子どもが家で勉強していないと、まるで勉強していないように思う親が多いが、進学塾で勉強している中学生、予備校で勉強している高校生は、それぞれに進学塾や予備校で十分勉強しているのである。進学塾や予備校で勉強してわかり切れないところがあったら、その部分を家に帰って復習しておけばよいので、よくわかっていればその必要はない。また、進学塾や予備校の授業でわからなかったところを、進学塾や予備校にいる間に、個人的に先生に質問して、それでよくわかってしまえば、それも家に帰ってまた勉強する必要はない。そういう子もけっこういるので、家で勉強している姿が見えないからと言って、その子が勉強をまるでしていないということにはならないし、怠《なま》けていることにもならない。

こういうことも評価しなくてはならないのだ。子どもが進学塾や予備校から帰ったら、

「毎日よく頑張って勉強してるね。あなたはきっと合格するよ。」

と言って、進学塾や予備校のテストの得点などにこだわらないことのほうが、子どもに合格しやすい精神的条件を与えることになるのである。

受験はスポーツの試合と同じだから、勝つこともあれば負けることもある。勝ったときはそれでもよいが、負けて落ち込んだら次の試合は負け。自信とファイトと不断の努力の継続が勝敗を決する。それを側面からサポートするのが親だから、親が主役になってしまってはならないので、サポーターはいつも選手である子どもに自信を持たせ、勇気づけて、ファイトを湧かせるように、明るくサポートすることを忘れてはならない。

＊子どもの潜在意識に明るいイメージを描かせる

受験生を持つ親の第四条は、子どもが自分の潜在意識に、受験についての明るいイメージを描くことを自己トレーニングさせることだ。このことは、親自身にも必要だ。

子どもでも大人でも、表面の心である現在意識で強く思ったことや、思い続けていることは、奥底の心である潜在意識にインプットされて記憶心象《しんしょう》（心に描いた象《かたち》）となる。自分の受験についての記憶心象をプラスにしておくことが、受験には大変大事なことなのだ。

もっとも簡単でやりやすい方法は、毎晩就寝時にベッドの中で、

「わたしが（またはぼくが）志望している高校（または大学または専門学校）は必ず合格する。」（学校名で言ってもよい）

と受験の合格発表がある日の朝まで必ず毎晩一〇回ぐらい心の中で唱えながら自然に眠ってしまうようにすることだ。

人が眠るということは、現在意識が活動を停止することで、現在意識が活動を停止しても、潜在意識は活動を続けている。夜半に睡眠中大きな地震があったりすると、現在意識を目覚めさせるのは、潜在意識の働きである。だから受験生を持つ親も、受験生本人の子どもも、

潜在意識を当面の受験について明るい記憶心象を保ち続けることが、受験の合否を分ける大きな心的要因となるのである。現在意識の活動がしだいに薄れて来る眠り際に、潜在意識へ自信を言葉でインプットし続けることは、非常によい効果がある。

子どもの潜在意識が明るく安定すればするほど、子どもは勉強への意欲もファイトも湧いて来る。また同じ勉強するにも空回りがなくなってポイントが摑《つか》めるようになる。勉強は時間が長いばかりが能《のう》ではない。短くても、ポイントを摑んで上手な勉強をすることのほうが大事なのである。

子どもの勉強を煽ることよりも、子どもの潜在意識を安定させることのほうが先決問題なのである。

＊受験間際と受験当日の親の心得

受験生を持つ親の心得の第五条は、受験間際の子どもの健康管理と、受験当日の子どもの潜在意識を安定させることである。

最近の受験には、ＡＯ型受験というのがある。大学受験の場合にあるので、高校受験の場合には、ＡＯ型とは言わないが、学校推薦で受験した場合にはＡＯ型に近い。ＡＯ型受験は教科の筆記試験がなく、論文と面接で合否が決定され、受験日も、早いものは八月、遅いものでも九月中または十月中に入試が行われ、一週間以内には発表される。ＡＯ型受験で不合格だった受験生は、後に一般受験で同一の受験校をもう一度受験できる。国立大学およびその附属高校にはＡＯ型受験はないが、高校の中学校推薦の受験は県立、私立ともＡＯ型の方式による受験である。ＡＯ型の受験は論文（高校受験は作文）と面接だけだから、自分の将来展望や学校選択の理由、この学校に入ったら、自分は何をどう勉強したいか、自分の個性や日頃自分が思っていることなどを、論文（高校は作文）にしっかり書け、面接でもてきぱきと、はっきり答えられる子どもでないと、ＡＯ型受験には向かない。ただ学校推薦による高校受験の場合は、ＡＯ型に近いということだから、純然たるＡＯ型とは多少違う。それは高校による。

ＡＯ型受験はだいたいは夏から秋だが、一般受験は二月が主体だから、気候的にも寒い時期だ。インフルエンザが流行しやすい時期でもある。いよいよ受験も追い込みだということで夜半遅くまで勉強したり、またさせたりする親もあるが、体調を崩すと受験当日の力の出方も鈍るから、親は特に子どもの健康管理が大切だ。冬場のスポーツには、スキーやスケートもあるが、気晴らしに行ったスキーやスケートで、骨折等の怪我をさせないように注意することも必要だ。健康管理は親の責任である。

受験当日の子どもの精神安定は特に重要だ。アガッテしまうと、わかる答えがわからなくなってしまうこともある。子どもの潜在意識が明るく安定していれば、試験場でアガルことはまずないから、試験場に入って答案が配られたら、すぐに書き始めずに、ほんの二〇秒か三〇秒、ちょっと目を閉じて、

「わが内の内なる神よ、無限の力湧き出でよ。」

と心の中で、自分で自分に三回言い聞かせることをして、それから答案を書き始めるように、事前に教えておくとよい。たった三回、ものの二〇秒か三〇秒だから、答案を書く時間には、ほとんど影響はない。こうしておくと、試験場での子どもの潜在意識が安定する。そうすると、子どもの心が落ち着くから、答案ミスがなくなる。また子どもの中の潜在意識が安定すると、子どもの心が、自分の中にある「神の知恵」と波長が合うから、そのとき忘れていた答えを、ふと思い出すこともある。面接試験の前にも、自分の順番が来るまで同じようにすると、落ち着いた心で面接を受けることができる。受験に合格しやすい条件が備わるのである。これで合格した実例もある。これは「おまじない」ではない。「おまじない」な

どという迷信的なものは効《き》かないので、これは潜在意識を安定させる、れっきとした精神科学の原理に基づく言葉の創造力の活用である。

わが子の受験を控え室で待っている親、あるいは自宅で待機している親も、同じようにしてみると、効果は倍増する。だから必ず合格するということではないが、合格しやすい条件設定をする効果は大いにある。

以上が、受験生を持つ親の心得の五か条である。

受験には子どもによっては、中学受験をする子どももいるが、中学受験の場合には、小学校では受験についての特別な指導はしないから、プライベートに、学校の授業内容と違った受験勉強をしなければならなくなるが、親の受験に対する対応の心得五か条は同じである。

ただこの場合は、高校受験や大学、または専門学校の受験とは違って、小学校での成績がよいというだけでは、合否を予想する資料にはならないということを知っておく必要がある。

14　宗教心を育てる

＊人間には誰でも神の心、仏の心が必ずある

宗教心は、すべての人々が心の奥底深くに必ず持っている人間特有の心情である。動物や植物には宗教心はない。鉱物にももちろん宗教心はない。宗教心を持っているのは人間だけだ。

宗教心とは、これを神道的表現を用いるなら「汚《けが》れなき心」である。仏教的表現を用いるなら「慈悲《じひ》の心」である。キリスト教的表現を用いるなら「愛の心」である。包括的に言えば、神の心、仏の心ということだ。

人間は誰でも、心の奥深くに神の心、仏の心が必ずある。神の心、仏の心がない人間はただの一人もいないのである。つまり人間は自分の中に神がある。自分の中に仏があるという

ことだ。これを「人間・神の子、仏の子」と言うのである。神の愛と仏の慈悲とは同じもの、だから神と呼び、仏と呼んでも別なものではなくて同じものなのである。それが人間の本当の心であり、本当の人間そのものだから、本当の人間の姿、人間の実相は神性仏性《しんせいぶっしょう》だと言うのである。

子どもの中にある神なるもの、仏なるものを引き出すのが生長の家の教育法だが、教育の目的そのものが、「人格の完成を目ざす」のが教育の目的だから、子どもの中にある神なるもの、仏なるものを引き出すことは、教育本来の目的であるとも言えるのだ。

自分のことばかり考えていないで、自分以外の人のためにも役立とうとする愛他的な思い、人を思いやる心、人間相互だけでなく、動物や植物、そしてあらゆる自然、わたし達が住む地球をも愛し保護しようとする心が、本当の人間の心、人間の実相の心なのだ。

＊子どもの宗教心を育てることは道徳教育の根本である

宗教心を育てると言うと、何か特別な宗教教育をすることかと考える人もあるが、宗教心を育てるということは、何も特別な教育をすることではない。一人々々の子どもが、生まれながらして持っている神の心、仏の心を引き出すことが、宗教心を引き出す教育である。現実に、宗教心と人間生活は遠く古代から、二十一世紀の現代に至るまで切り離せないものなのだ。例を挙げれば、宗教に関心のある人も、宗教にはまったく関心のない人も、まず子どもが生まれると、たいていの人は神社へ新生児を連れて「初宮詣《はつみやもうで》」に出かける。子どもの七・五・三にも宮参りをする。子どもが受験するとなると、普段は無宗教をもって自認している親が、天満宮へ合格祈願に宮参りして、お札をもらって来たりもする。受験生本人も同様である。

結婚式となると、まったく神仏関係なしという結婚式は世界中見回してもほとんどない。日本でも、結婚式は、神道方式かキリスト教方式、また仏教方式で行われている。葬式となると、神道方式、キリスト教方式によるものもあるが、仏教方式が断然多い。正月の初詣には宗教にはまったく関心のない人でも、老若男女、参道が超満員になるほど毎年参拝の人で賑《にぎ》わう。学校の遠足や修学旅行にも、全国の著名な神社や仏閣が見学コースに入っている。学校の遠足や修学旅行では、見学コースになっている神社や仏閣で全員一斉に整列参拝をさせることはしないが、自由時間に児童や生徒が個人的に参拝することは自由である。

教育基本法の第九条の②に、

「国及び地方公共団体が設置する学校は、特定の宗教のための宗教教育その他宗教的活動をしてはならない。」

との条文があることから、遠足や修学旅行等で、神社の鳥居や仏閣の山門をくぐらせてはいけないだろうと、わざわざ鳥居の横を通らせたり、山門を避けて山門ではない道路を通らせたりする教師もいたりするが、これはやり過ぎで、鳥居をくぐったからと言って、特定の宗教のための宗教教育にはならず、宗教的活動をしたことにもならず、仏閣の場合も同じである。児童生徒が個人の自由で勝手に神社の拝殿に参拝しても、仏閣の本堂に参詣《さんけい》しても、学校が特定の宗教のための宗教教育その他宗教的活動をしたことにはならない。

教育基本法第九条の②が禁止しているのは、「特定の宗教のための宗教教育」と、「宗教的活動」であって、宗教を教えてはならないということではなく、いわんや宗教心を育ててはならないということではまったくないのである。小学校によっては、夏になって水泳指導が始まると、その最初のプール開きの日に、近くの神社から神官を招いて「お祓《はら》い」をする小学校はいくらもあるが、児童が参列していても、特定の宗教のための宗教教育や、宗教的活動をしたことにはならない。またクラスの児童または中学・高校の生徒の同じクラスの児童生徒本人や、親が亡くなった場合、ほとんどの場合担任がクラスの代表児童を連れて葬儀に参列するが、その葬儀が神道であろうと仏教であろうとキリスト教であろうと、特定宗教のための宗教教育や宗教的活動をしたことにはならない。教育基本法を拡大解釈したり、あるいは逆手に取って、教育と宗教とは無縁なものと考えるのは間違いである。宗教心を育てることは、道徳教育の根本なのである。

＊宗教心の育成は子どもの豊かな感性と敬虔な心を育てる

大人でも、初詣やその他で、神社に参拝したり、仏閣に参詣したりしたとき、何となく清らかでさわやかな気持ちになるものだ。自分の中にある神性仏性と波長が合うからである。家庭によっては、家の中に神棚や仏壇がある家もあるが、神棚や仏壇のある家庭では仏壇を礼拝《らいはい》するのは祖父母の役目と思わないで、毎朝一回は、親も子どもも神棚や仏壇を礼拝する習慣をつけるとよいのである。神棚や仏壇に向かって礼拝する習慣は、子どもの心を子どもの中にある神または仏と波長を合わせることになる。つまり自分の実相と波長を合わせることになるのである。それは子どもの豊かな感性と、敬虔《けいけん》な心を育てることになるのである。それは同時に生命尊重の心を育てることにつながる。

「校庭に小さな桜のつぼみが落ちていた
拾《ひろ》ってコップの水に浮かべた
二日経《た》ったら花が咲いた
小さな生命《いのち》を救ったなと思った。」

千葉県の小学校四年生の女子児童が書いた詩の作品である。読売新聞の「子どもの詩」の欄に出た。

校庭に落ちていた桜の蕾《つぼみ》を見て可哀想《かわいそう》だと思い、拾ってコップに水を入れてその蕾を水に浮かべて家に持ち帰った。子どもは花を咲かそうと思ったわけでもなく、花が咲くかどうかも考えても思ってもいなかったが、二日経ったら花が咲いていた。そのときの感動を書いたのが、この子の詩なのである。日常の子どもの生活の中での、ほんのちょっとした出来事にその子の感性が表わされるものなのだ。

感性とは、美しいものに感動する心、人に対する思いやり、感謝する心、動植物を愛する心、自然を大切にする心、物を大事にする心、これらはすべて感性の表れである。

何でも割り切って考える人をドライな人、そうは割り切れない人情的な人をウェットな人と言うが、ドライになり過ぎると人間は感性の豊かさを失う。この感性の豊かな心を、宗教心または宗教的心情というのである。

宗教心を育てることは子どもの豊かな感性を伸ばし、子どもに敬虔な心を育てることになるのである。

＊日本人は古くから宗教的包容性を持っている

世界中のどこの国を見ても、その国の国民の道徳意識の基盤を成しているものは宗教心である。アメリカやヨーロッパ諸国は、キリスト教の精神が、国民の道徳意識の基盤になっている。インドやタイ、ビルマ等の国々では、仏教の精神が、国民の道徳意識の基盤になっており、アラブの諸国では、イスラム教の精神が、国民の道徳意識の基盤になっている。その他の多くの国々も同様である。

それでは日本はどうかと言うと、日本は大和朝廷の時代の昔から、神道と仏教が並立調和して、どちらも国民生活の中に浸透していた。後になって、桃山時代の頃になって、ポルトガル人宣教師のフランシスコ・ザビエルによって、キリスト教が伝来して、これも国民生活に根づいて来た。キリスト教は一時、徳川三代将軍家光によって弾圧を受けたが、それでも根絶することはなく、「隠れキリシタン」となって幕末まで残存し、明治維新以後、社会的に復活して一挙に広まった。

以後、大正、昭和、平成と、神道、仏教と共に国民生活に共存して広く浸透し、キリスト教系の学校も、カソリック、プロテスタントの幼稚園から小・中・高校・大学まで全国の主要都市にたくさんあり、いずれも入試倍率の高い名門校となっている。

このように歴史的に考察してみると、日本は諸外国とは違って、オカルト的な迷信宗教は別として、正当な宗教でありさえすれば、伝来するすべての宗教を排斥《はいせき》せずに受け容《い》れて国民生活に共存させてきた国なのである。つまり日本人は、もともとから、広い包容性がある生かし合う心に富んだ感性の豊かな国民であったということである。そして二十一世紀の現代においても、本来日本人は、自他一体感を持った感性豊かな国民なのである。

地球環境保護が、今世界で喫緊《きっきん》の人類的課題として採《と》り上げられているが、このことについても、各国の意見をまとめるための「京都議定書」の作成に献身的な努力を払った、京都議定書会議の議長国は日本なのだ。

今の子ども達が社会で活躍するのは、二十一世紀の未来社会である。世界の国際的距離はますます近くなる。世界の国々の人々との接触もますます多くなる。どの国の人々にも信頼され、親しまれ、愛される善い日本人に子ども達を育て上げるのが、教育が目指す人格の完成であり、それは今の大人の任務であり責任である。宗教心の育成は、自他の一体を意識する感性豊かな心を育て、生命尊重の心を育てる。

心が育てば形が育つ。これは世界中のいかなる教育にも絶対条件であって、誰と言えども曲げることのできない教育の原理であり真理なのだ。宗教心または宗教的心情の育成を忘れてはならない。

＊家庭の季節行事や、自然に親しませることが、子どもの宗教心を育てる

最近は家庭の季節行事が、見直され始めている。年間を通しての家庭の季節行事と言うと、過去も現在も変わらず盛んなのは正月の初詣である。そのほかのものはほとんどがなくなっていて、せいぜいあるのはクリスマスぐらいだ。クリスマスは、街にもクリスマス・ツリーが飾られたり、商店やデパートもクリスマスの装飾をしたり、ジングルベルの曲を流したり、子どもはクリスマス・プレゼントを楽しみにして、子どものいる家庭では、ツリーを飾ったりデコレーションケーキを出したりして、家庭のクリスマス・パーティーが行われたり、今

も盛んに行われている。中学生や高校生の子になると、クリスマス・プレゼントよりも、バレンタインプレゼントのほうが興味と関心がある。

比較的忘れられている季節行事には、二月の節分、三月のひな祭り、五月の端午《たんご》の節句、七月の七夕、八月の盆、秋の祭りや月見、冬の雪遊びや年越しなどがある。だが現実には、そんな悠長なことをやってはいられない現代環境もある。節分の豆まきなどと言っても、住居がマンション化し、マンションのドアから外へ豆をまいたりしたら、たちまちクレームがつく。七夕で短冊を飾ろうなどと言っても第一笹《ささ》がない。冬の雪遊びなどと言っても雪国でもない都市には雪は少ないし、降り積もったとしても、雪だるまを作ったり、雪合戦をしたりできる道路事情にはない。祭りと言っても、今は地方の著名な祭りでもない限り、「みこし」や「だし」を出して、にぎやかに街中をねり歩くことはない。

わたしが在任していた東京都港区立高輪台小学校には併設の幼稚園があったが、三月にはひな人形を、五月には武者人形を飾ったりもした。七月の七夕はもっと盛大だった。学校挙げて全クラスが一学級二本ずつの、天井に届くほどの大きな笹を、学校で用意して全クラスに配り、クラスごとに先生と児童が一緒になって笹にいろいろな飾りをつけ、全児童が思い思いの願いをこめた短冊を色紙に書いて吊《つる》す。午前中の授業二時間をかけて製作するのである。

その七夕飾りを、全校が校庭に持ち寄り、屋上から垂れ下げた太いロープにクラスごとに紐《ひも》で縛り、今度はそれを用務員が屋上から校庭いっぱいに空中に浮かぶように吊《つ》り上げる。空中高く校庭いっぱいに吊り上げられた七夕の飾りの下で七夕集会を開くのである。

まず校長が七夕の話をする。児童会委員長の六年生児童が挨拶をする。各学年代表児童が、自分が書いた短冊の願いを発表する。全校児童がピアノの伴奏で「七夕の歌」を歌って七夕集会を終了する。校庭の空中高く屋上から校庭を横切って反対側の立木に結ばれた六本の、放射状に伸びているロープに、色とりどりの飾りや短冊で飾られた何本もの大笹がサラサラと音を立てながら風に揺れている光景は美しく壮観だった。各学年の母親達も見学に来た。校庭の七夕飾りは翌日一日そのままにして、翌日の放課後に撤去された。

秋祭りというのは学校行事では行わなかったが、近くに高輪泉岳寺《たかなわせんがくじ》があって毎年「義士祭」が行われて、地域の大人も子どもも大勢出かけた。わたしの学校は近かったから、放課後大勢の児童が、それぞれに行った。境内は模擬店で賑《にぎ》やかで、中学生もいれば高校生もいれば大人もいる。児童の安全確保のために高輪警察署と協力して、生活指導の先生何名かがパトロールに出た。わたしも義士祭のたびにパトロールに出た。

ひな祭りや端午の節句の祝いは、家庭でもできると思う。今はガラス器に入れた小さい人形セットもあるから、女の子のいる家では三月に、男の子のいる家では五月に、手製の鯉のぼりも飾って、ひな祭りなら、ひなあられや甘酒、端午の節句なら、柏餅《かしわもち》やちまきを食べたりしながら、親子で節句の意味を話し合うのもよいことだ。豆まきも小さな庭でもある家なら、大豆を使って親子で豆まきをしてみると、小さい子はもとより、けっこう中・高校生でもおもしろがってすることもあるので、親子のコミュニケーションの機会としても楽しい時間になると思う。

父の日、母の日も家庭行事として習慣化しておくことが、子どもの心を育てるのによいことなのだが、これは学校で担任教諭が児童生徒に躾《しつ》けないと、母親が自分で、

「明日は母の日だからママにプレゼントちょうだい。」

と言うわけには行かないだろうし、母親の母親（父親の母親も、母親の母親である）が同居しているか近くに住んでいれば、前日に子どもに、

「明日は母の日だから、ママお母さんに何かプレゼントするんだ。」

と話せば、子どもも、

「それじゃぼくもママに。」

「あたしもママに。」

と言い出すこともある。そんなとき、

「あなた達はいいのよ。」

などと言ってはだめで、

「あらそう。ママ楽しみにしてるわ。」

と言わなくてはならないのである。これは教育である。わたしが在任中、父の日、母の日の前日には、クラスの児童全員に、父の日には父親へ、母の日には母親へ、それぞれ原稿用紙一枚程度の感謝の作文を書かせ、封筒の表紙には、父親へは「おとうさん有難う」、母親の場合には「おかあさん有難う」、裏面には自分の氏名を書かせて、

「この手紙に、自分が作った物でも、お前達の小遣《こづか》いから買った物でもよいから、お父さんが使えそうなもの（またはお母さんが使えそうなもの）を、小さな安い物でいいから、プレゼントにつけて、おとうさん（またはおかあさん）に『有難う』と言って、差し上げる。」

と毎年指導した。すでにしている児童もいて、作文は誤字や脱字を訂正させる必要があり、指導が必要なので学校で書かせた。だが、児童も「父の日」、「母の日」を楽しみにするようになり、父親も母親も、子どもからのプレゼントは、何をもらっても嬉《うれ》しそうだった。

「おじいさんの日」、「おばあさんの日」というのはないのだが、児童の中には、母親から、おじいさんやおばあさんの誕生日を聞き出して、それをその日にして、プレゼントをする子も出て来るようになった。

家庭の季節行事もいろいろあるが、できることもできないこともある。夏のお盆などでも、過去の時代には、お盆の入りには縁先《えんさき》の庭に、わらで編んだ馬を置いて、縁先には供え物を飾って、迎え火をたいて祖先霊を迎え、軒《のき》には盆の期間中は盆堤燈《ぼんぢょうちん》を下げて、仏壇に先祖を祀《まつ》り、盆の終わりにはまた、庭先に、わらの馬を置いて、今度は送り火をたいて、先祖霊を送り出したものだが、今そんなことをして煙を出したら、大気の汚染や地球温暖化防止で問題になってしまう。だが、仏壇のある家庭なら、お盆に、子どもも含めた家族で先祖を礼拝することはできる。お盆休みに、父親または母親の実家へ遊びに行ったときは、子どももただ遊ばせているだけではなく、実家にいる期間中、子どもにも朝、実家の仏壇に祖先を礼拝し、祖先に感謝する心の習慣をつけさせることもよいことなのである。

また、家族旅行や家族ピクニックに出たときには、レジャーランドでいろいろな施設や遊具を使ってスリルを楽しませることだけではなく、子どもに自然と親しませることが必要である。山登りをして忍耐力を培《つちか》う。林の中を歩かせて、林の中のさまざまな植物の生態や小さな虫を観察させる。少し大きい子であれば、地方の特産物や工芸品を見せたり、作る工程を見せたりする。地方の民芸品に触れさせたり、民話を聞く機会を与える。その他いろいろある。

ある荒れた中学校で、学校農園を造って生徒に農作業の実習をさせたところ、荒れた生徒が立ち直った実例がある。自然と交わることは子どもの感性を育てるのである。子どもの心の奥深くに眠っている宗教心が目覚めるからである。

大人でも子どもでも、人間の心の奥深く必ず持っている宗教心が薄れると、人は唯物《ゆいぶつ》的になる。唯物的な思想になると、自他一体の神の愛、仏の慈悲が崩れて利害損得で物事を判断するようになる。自己中心的になり、多かれ少なかれ、利己的になるのである。青少年や児童に関するいろいろな問題も、その根源はここから生じるのである。

宗教心が育って子どもの感性が育ち、感性が育って子どもの規範《きはん》意識が育つのである。

戦後教育すでに六〇年、その功罪はさまざまだが、二十一世紀の世界が発足した今、青少年児童の健全育成のために、もっとも必要とされるものは、子どもの宗教心を育てることである。

15 「ほめる」「叱る」「励ます」は教育の三要素

＊親は自信を持って子どもをほめ、自信を持って子どもを叱ること

音楽には、リズム・メロディー・ハーモニーの三要素がある。この三つのうちどれが一つかけても音楽は成り立たない。植物の生長に必要な三要素は、呼吸作用、炭酸同化作用、蒸《じょう》散《さん》作用である。大事な写真を撮るときには三脚を立てる。三脚のどの一本が短くても長くても写真に写る画像は歪《ゆが》む。「三拍子揃《そろ》う」という言葉があるが、教育にも、手抜きしてはならない大事な三要素があることを忘れてはならない。ほめることだけが上手な教育だと思ってはならない。そうかと言って叱《しか》るだけが上手な教育だと思うのも間違いである。励ますと言っても、何をどう励ますか的確にされなければ励ましにはならない。ほめるときはほめる。叱るときは叱る。どちらの場合も子どもを励ます。そして自信を持たせ、勇気を起こさせ、

前向きにがんばろうとする意欲を育てる。これが「神の子・無限力」を引き出す生長の家の教育法なのだ。

中には子どもを厳しく叱っておいて、後から子どもに、

「さっきは叱ってごめんね。」

などと謝《あやま》っている親があるが、こんなのは教育ではない。叱る必要があったから叱ったのだろうから、叱っておいて後から謝るくらいなら、はじめから叱らないほうが気が利いている。叱るは大事な教育だから、叱っておいて後から謝る教育などはない。それでは教育ではなくて、子どもとのケンカの仲直りである。ケンカは教育ではないから、始終《しじゅう》子どもとケンカしては仲直りすることしかしていない親は、教育の三要素の一つ「叱る」が全然機能していないことになる。叱るときには、自信を持って叱ることだ。

あるフランスの家庭に、こんな例がある。

「あなたのお子さんが、きょう学校で女の子をいじめました。」

クラスの先生から母親に電話が入った。子どもが学校から帰ると、母親は子どもから詳しく事情を聞いた後、

「女の子をいじめるような男子は、今夜の夕食はなしだ。」

と宣言して、その夜はわざとその子の大好きな料理を作って食卓に並べたが、テーブルの席に、その子の椅子はなかった。食堂の席は、自分の椅子以外には腰掛けてはならない躾になっていて、その子は自分の椅子がないから席につけない。お腹《なか》は空《す》いているし、その上、大好きな料理だから、その男の子は食べたくて仕方がないが、椅子はその子の椅子だけ片づけられていて母親は出してくれない。食事の席には、両親と妹と祖父がいたが、誰もその子に席を作ってやる人はいない。椅子を持って来てもよいとの許可も出ない。その中で祖父は日頃からその男の子をもっとも可愛がっていた。男の子は、祖父が何とか助け舟を出してくれないかと、チラチラと祖父の顔を見るが、祖父も一言も言ってはくれない。

そのうちに夕食が終わると、母親はテーブルの上を片づけ始め、テーブルの上に残っている男の子の分まで、さっさと片づけてしまった。彼はとうとう大好きな料理を目の前に見ながら、一口も食べられなくて夕食は終わってしまったのだ。とうとうその子は夕食抜きで、目の前に見ながら、お腹を空かしたまま、夜のベッドでそのまま眠ることになった。母親はまったく何事もなかったように、後から特に食事を出してやったり、何かを食べさせたりすることは全くしなかった。

「女の子をいじめるような男の子は、今夜の夕食はなしだ。」

と言われただけで、ほかに厳しく叱られたわけでも説教されたわけでもなかったが、この日以来、彼は学校で女の子はもちろん、男の子の友達にでも、いじめや意地悪は一切しない子になった。

もうひとつは、イギリスのロンドンに駐在していた日本人家族の子どもの例である。

彼は、家の近くで、イギリス人の友達とキャッチボールをして遊んでいたところ、イギリス人の子の投げたボールが外れて、日本人の子の家の窓ガラスを割った。イギリス人の友達は、早速日本人の子の家に謝りに来て、丁寧に謝った。すると、日本人の子の母親は、日本人的な感覚で、謝りに来たイギリス人の子に、「正直に謝りに来て偉い」とほめて、正直のごほうびだと、菓子を包んで持たせて帰した。しばらくすると、イギリス人の子の母親から電話が入った。子どもが菓子をもらったお礼ではない。

「うちの子は、人に迷惑をかけたのに、ほめられてほうびなどくれては困る。今からもらった菓子を返しに行かせるから、今度は厳しく叱《しか》って帰して欲しい。」

という電話だった。

自分の子に非があっても、友達から何か言われたと言って、相手の親にクレームをつける甘やかしのダメ親、自分の子が悪いのに先生が叱ったと言って先生や学校に文句をつけるダメ親が多い日本の現状と、どちらが、教育的な子育てができているかを比較してみる必要がある。

ほめるにも叱るにも、親の自信が大切だ。ほめなければならないことを見逃して放っておいたり、叱らなければならないことを叱らずに黙認して、叱らなくてもよいことばかりを、わめき散らして叱っている親もある。そうなる理由は、教育的見地から、ほめたり叱ったりしているのではなく、その場の親の感情で、ほめたり叱ったりするからである。だから叱ると怒るとを混同する。そこでほめれば甘やかしになり、叱れば子どもとケンカになるのだ。ほめる叱るは共に教育だということを、十分に知ることが大事である。

「教えて、させて、できたらほめる」が教育である。ほめる、叱る、励ますのバランスをよく保って、自信を持ってほめ、自信を持って叱り、自信を持って励ますことが必要だ。ほめるにしても叱るにしても、どちらもが励ましにつながる必要がある。

＊友達親子は親子ではない

今は、「友達親子」というのが流行している。学校教育でさえも、「友達先生と友達生徒」

になっている傾向があるが、これでは教育はできない。親子は友達関係ではなく親子関係である。先生と生徒は友達ではなく師弟関係である。共にヨコの関係ではなくタテの関係なのだ。親子は上下関係であり、師弟も上下関係である。だから子どもを親の好みの型にはめ込んだり、親の期待を押しつけてよいということにはならないが、人間として当然しなければならないことは、しっかりできるように躾けなくてはならないし、してはならないことは絶対にさせないように、これも躾けなくてはならない。してはならないことをしようとしたときや、したときは、その場で子どもがやめるようにしっかり叱らなければならないのだが、友達親子の親は、まず親自身が、しなければならないことと、してはならないことの判断基準が甘いのだ。だから断固としてやめさせるという姿勢がなくて、注意はしても、子どもがやめなければ親のほうが退《ひ》いてしまう。叱りの効果はまるっきり出ていない。「やめさせる」のが「叱る」だから、やめさせなければ叱ったことにはならない。やめなければ摑《つか》まえてでもやめさせなくてはならない。右側歩行を左側歩行で歩いている子は、注意してわからなければ、摑まえてでも左側を歩かせなくてはならない。それが親である。

親が気に入らないときに叱るのではなく、それが倫理的、道義的に正しいか間違っているかを基準にして、ほめたり叱ったりするのでないと、親子が親子ではなく友達になってしまうのである。学校教育での先生と児童生徒の関係においても同じである。

＊親と子どもと教師の立場を自覚する

親と教師に共通することは、子どもに対しては、共に教育者であるということだ。家庭で子どもに親がしなければならない教育と、学校で児童生徒に教師がしなければならない教育とでは、分担する内容が明らかに違う。

教育という語は「教える」と「育てる」の合成語である。合成語であるから、この二つを画然《かくぜん》と分けて考えることはできないが、学校で教師が果たすべき役割は、「教えること」がメインで、家庭で親が果たすべき役割は「育てること」がメインであると考えればよい。

「国語を育てる」とは言わない。「国語を教える」である。教えるのは教師の役割である。「国語を正しく使う習慣を教える」とは言わない。「国語を正しく使う習慣を育てる」である。育てるのは親の役割である。

「体育を育てる」とは言わない。「体育を教える」である。教えるのは教師の役割である。

「体力を教える」とは言わない。「体力を育てる」である。育てるのは親の役割である。

「道徳を育てる」とは言わない。「道徳を教える」である。教えるのは教師の役割である。「道徳心を教える」とは言わない。「道徳心を育てる」である。育てるのは親の役割である。「勉強を育てる」とは言わない。「勉強を教える」である。教えるのは教師の役割である。「勉強意欲を教える」とは言わない。「勉強意欲を育てる」である。育てるのは親の役割である。

同じことでも、学校教育と家庭教育では、分担する面が違うのだ。教師と親とでは、果たすべき役割が異なるのである。言いかえれば、教師でなければできない教育と、親でなければできない教育とがあるということだ。

教師が教師でなければできない教育を全《まっと》うし、親が親でなければできない教育を全うするとき、子どもの生命は、健全に生長するのである。生長の家の教育法は、ここをしっかり区別する。

＊家庭教育はすべての教育の基礎工事である

教育には、家庭教育と、学校教育と、社会教育があるが、この三つが正しく機能したとき、

<table>
<tr><td>学校教育</td><td>社会教育</td></tr>
<tr><td colspan="2">家庭教育</td></tr>
</table>

青少年児童の健全育成が果たされるのである。
家庭教育と学校教育と、社会教育の教育全体の中での位置づけを図に表わしてみると、上の図のようになる。
まず底辺に家庭教育があって、その上に学校教育と社会教育が並列に載っているのが、教育全体の構図である。これを建物の建築になぞらえると、家庭教育は建物の基礎工事、学校教育と社会教育は、それぞれが建物の内装と外装工事になる。
もちろん、基礎工事だけでは建物は完成しない。内装工事も外装工事も極めて重要である。
しかしながら、建物を支える土台を造るもっとも大事な工事は基礎工事である。基礎工事に手抜きがあったり、工事の仕方が間違ったりしていたら、いかに内装と外装が見事に仕上がっていたとしても、外見は素敵で立派な建物に見えるかも知れないが、ちょっとした地震でもあれば、建物のどこかに歪《ひず》みが生じる。大地震でもあったら、真っ先に倒壊するのは基礎工事が手抜きされていたり、工事の仕方が間違っていたりした建物である。
教育もこれとまったく同じで、いかなる名門校に子どもを入学させてみても、またいかに指導力優秀な教師がその子の指導を担当したとしても、もっとも肝腎《かんじん》な基礎工事である家庭の雰囲気が暗かったり、両親が不和であったり、子育てが手抜きになっていたり、そうでなくても子育ての仕方や方向性が間違っていたりしたら、心身ともに健康な青少年児童は育たない。思春期になってさまざまな問題を起こす少年少女が出るのはこの原因による。家庭は教育の基盤となる場であり、子育てはすべての教育の基礎工事なのである。

＊感情教育のステージは家庭であり、感情教育の主役は親である

現代における文明の発達や、科学の長足な進歩は、人間生活にかつてない多大な恩恵をもたらした反面、人間を置き忘れて暴走する危険性をも持っている。文明の発達や科学の進歩が人間生活に恩恵をもたらすか、危険性をもたらすかは、文明を発達させ科学を進歩させる人、また発達した文明や進歩した科学を使う人の心如何《いかん》によるのだが、その心を育てる教育を感情教育という。

現代の社会に、次から次へと殺伐とした事件が後を断たないのは、自分のことしかわからず、ひたすら自己美学に溺《おぼ》れて、人それぞれの立場や心を知ることができない自己憐憫《れんびん》型の、幼稚で歪《ゆが》んだ感情しか持てないアブノーマルな人間が多いからである。

二十一世紀の未来社会に社会人として生きる子どもを、このような偏頗《へんぱ》な人間に育ててはならない。「現象は心の影」である。過去の事実も、現在の事実も、未来のことも、すべて自分の心の影であって、自分以外の誰の責任でもない。これに気がつかない自己中心的で自己憐憫型の人間を、幼稚で歪んだ感情しか持てないアブノーマルな人間というのである。神の子・人間の実相とは、およそかけ離れてほど遠い迷妄《めいもう》の中を彷《さま》よい歩いている人間である。円満完全無限力の実相がありながら、実相を現わしていない人間である。

自分ひとりでは何もできないくせに、自分をよく見せたがる、うわべのプライドばかり高い甘《あま》ったれ人間は、二十一世紀の社会では役に立たないのである。二十一世紀の社会が求める人間像は、第一に個性の豊かな人間である。第二にアイディアに富んだ人間である。第三にバイタリティーのある人間である。知育偏重型の子育てでは、このような人間は育たない。人間を置き忘れて暴走する危険性も持った文明の発達や科学技術の長足な進歩の中にあって、人間性を大事に育てないと自己中心的な子が育つ。利害損得だけが価値観になる子が育つのである。ここに感情教育の必要性がある。人にはそれぞれ立場があって、立場によってそれぞれ考えることも思うことも違う。人は誰もが自分と同じ考え方をしているものではない。そういうことがよくわかって、自分以外の人々の喜びも悲しみも理解できる心、美しいものに感動する心、感謝を忘れない心、自分のことばかりでなく、友達と共に笑い、友達と共に泣ける心、このような人間味のある豊かな感情を育てることが感情教育である。

感情教育は、子育ての中で忘れられてはならない大事なことであって、感情教育のステージは、学校教育よりも、むしろ家庭であり、感情教育を行う主役は親なのである。結局は、学校教育でも同じことなのだが、乳児期から始まって幼児期、児童期、少年少女期、そして成人後も、子どもと接触があるのは教師よりも親だから、何よりもまず親自身が自分の神の子の実相をしっかり自覚し、子どもにも、幼児の頃から一貫して人間は肉体が人間ではなくて生命が人間であり、その生命は神の生命であって、自分は「神の子」で、本来円満完全で、自分の内には、将来無限に伸びることのできる素晴らしい才能とそれを発揮する力があることを事ごとに子どもがしっかり知ることができるように導き育てることが、親が果たさなくてはならない教育の根本となるのである。

16 自立できる大人に子どもを育てる

＊常識で考え、常識で行動できる親であり、子どもであること

当たり前のことが当たり前にできる大人は善い大人であり、当たり前のことが当たり前にできる子どもが善い子なのである。これを常識というのである。昔はこうだったとか今はこうだとかよく言われるが、昔も今も、常識は何一つ変わっていない。変わっているのは生活様式だけだ。「様式」と「常識」をごっちゃにしてはならない。生活様式は文明が発達し時代が変わればどんどん変わる。昔がいいからと言って昔の様式にこだわってしがみついている必要はない。昔は火鉢《ひばち》で火をおこして暖《だん》をとっていたから今も炭火で暖をとるほうがいいなどと言うのは愚《おろ》かなことである。そんなことをしていたら、今の密閉されたマンションの室内ではたちまち一酸化炭素中毒を起こす。昔の日本人は下駄をはいて歩いていたから、今

も日本人は下駄をはいて歩くのがいいなどと言っていたら、車社会の現代、下駄で車を運転したりバイクを運転したりすることはできない。様式は時代と共に変化するのだ。

一方常識は昔も今も一貫して変わってはいない。人に迷惑をかけてはいけない、昔も今も常識だ。約束は守るものだ、昔も今も常識だ。自分のことは自分でする、昔も今も常識だ。弱い者いじめをしてはならない、昔も今も常識だ。よく学び、よく遊べ、昔も今も常識だ。時代の変化にかかわらず、一貫して変わらないのが常識である。

その常識が衰退する傾向にあるのが現代の日本社会の異常な現状である。つまり大人も子どもも、当たり前のことが当たり前にできなくなって来つつあるということだ。

品物を買ったら相応した代金を払うのが当たり前で常識だ。その常識に反して万引きをする大人がいる。それも生活に困っている人とは限らない。「駐車禁止」と表示されている場所には車を止めないのが当たり前で常識だ。それを常識の欠けた大人が、平気で駐車する。大人が当たり前のことを当たり前にできないようでは、子どもが当たり前のことを当たり前にできないのは当たり前、これも常識である。常識とは、通常の人なら誰もが通常に持っていなければならない識見を常識という。だから人間は誰でも、常識で考え、常識で行動できる人間でありさえすればよいのである。子どもを育てるにも、やれ学校の成績が上がったとか下がったとか、何かの稽古事が上達したとかしないとか、どこの学校に入れるとか入れないとかいうことよりも、まずは常識で考え、常識で生きることができる子どもを育てることが先決問題なのだ。

成績優秀な子どもにも、常識がしっかりしている子も、いない子どももいる。成績が低い子にも常識がしっかりしている子も、いない子もいる。どちらが善い子かと言えば、常識がしっかりしている子が善い子なのである。

＊自由には責任がともない、権利には義務がともなうのが常識である

自由には必ず責任がともない、権利には必ず義務がともなうのが常識だ。だから責任が持てない者には自由はない。義務を履行《りこう》できない者には権利はないのである。子どもも幼児であればあるほど、自由は制限されなくてはならない。幼児には、生存権以外の権利はない。子どもの年齢が長ずるにしたがって、自己責任が持て、義務が履行できる程度が広がった分だけ、自由が認められ、それ相応の権利が認められて来るのだが、完全に自立した大人と同様に自由を認めたり、権利を主張させたりすることは間違いだ。特に学校教育のような集団

教育の場においては、集団の規則に従う責任と、集団のルールを履行する義務を果たす中においてのみ、児童生徒の自由と権利が相応に認められるのであって、ただ子どもと、一人前に自立した大人とを混同して、児童生徒の自由だ権利だとわめき立てるのは、常識が欠落した教師がすることだ。それが今、学級崩壊を起こさせたり、学校教育を荒廃させたりしているのである。

家庭においても、自己責任が持てる範囲内において子どもにそれなりの自由を与えることは、自立を促《うなが》し人間力を育てる上で必要なことだが、親の手を離れて一人前に自立できることができない満一八歳未満の子どもには、大人と同様の権利を主張する資格はないと考えてよい。

これが逆になっている。生存権以外には自由も権利もあるわけがない幼児や小学生を、子どもがまだ小さいからということを理由に何でもかんでも子どもの欲しがる物を与え、したい放題にさせて、それが子どもの自主性の伸長だなどと考え、自己責任を育てることをせず、子どもが徐々《じょじょ》に自立し始める中学生から高校生の頃になると、言うことをきかないからと言って親が、癇癪《かんしゃく》を起こす。教育の順序が逆になっているのだから、うまく行かないのが当然なのである。躾けも幼児ほどしっかり躾けなくてはならないのである。

神は秩序である。秩序に逆行して成功した例は、古今東西を通じて有史以来、いまだかつてただの一例もないのである。

小学校には、児童会というのがある。学級会は児童会だが、学級会は、児童だけで決めてはいけないことになっている。必ず指導する教師が付いていて、児童の意見を参考にしながら結論は教師が決めなければならないことになっているのである。児童の多数決でＯＫではない。学級会は授業であるから、教師が必ず付いて、教育的に児童の話し合いを指導しなければならないことになっているが、これを知らない教師もいる。学級会を児童に任《まか》せっ放しで教室を不在にすれば、学校教育法からは、その教師は授業放棄になるのである。

中学、高校になると生徒会になる。生徒会は、ある程度の生徒の自治権が許容されるが、それでも生徒会が出した結論が、学校長の学校運営方針に反する場合には、生徒会の協議をやり直させるのが正しい生徒会の指導になっている。

大学になると、自治会となり、学生自治会は、団体交渉権が認められていて、自治会の意見や要望を大学に要求することができる仕組みになっている。自由に必ずともなう責任の履行、権利に必ずともなう義務の履行ができる年齢になるにしたがって、子どもに自由の幅が広がって来るのであって、親に生活を支えられているうちは、仮にその子が大人になっていても、完全な自由はなく、権利の主張はできないのである。裁判でも未成年の告訴は、大人が代理人となってしなければ、受けつけられないのである。

常識とは、昔も今も関係なく、また世界中どこの国の人々であっても、人間として当然なければならない誰にも共通した人間としての規範《きはん》であり、倫理である。常識は教えなければならない。特に幼児ほどしっかり教えて、しっかり躾けなければならない。親が常識どおりの生活をして見せ、子どもにもさせることだ。教えてもさせなくては教育にはならない。させるには手本が必要だ。その手本が親である。親ができないことを子どもに教えたりさせたりすることはできない。教師ができないことを児童生徒に教えたりさせたりすることはできない。だが常識を育てるということは、当たり前のことが当たり前にできるようにさせさえすればよいので、それ以上の特別なことを教えることでもさせることでもないから、どの親にでもどの教師にでも、簡単にできることなのだ。それができないとなると、その親は当たり前のことが当たり前にできない親であり、当たり前のことが当たり前にできない教師だということになる。それでは親も教師も務まらない。

常識的に考え、常識的に行動できる子どもが成人して大人になったら、社会の一員として立派に自立できる一人前の大人に育つのである。

17　孫に対する祖父母の役割

＊孫から尊敬される祖父母であることが大切だ

祖父母の話を聞くことを、孫が楽しみにするようになったら、その祖父母は孫へのかかわり方の上手な祖父母であると言える。祖父母の役割は、学校からも親からも聞かされていない古くから伝わる文化の伝達なのだ。たとえば祖父母が子どもだった頃の話を聞かせる。正月に凧上げや羽つきをした話とか、蝶やトンボを追いかけて遊んだ話とか、今のように冷暖房はなくて、網戸さえもなかった頃の生活の様子とか、祖父母が子どもの頃の学校の話とか、その頃の街の様子とか、祖父母が親から聞いた伝説や昔話とか、挙げればいろいろある。若い親達が知らない話も少なくない。

わたしが小学生の頃は、タクシーは当時の東京市内（当時は東京都ではなく東京市だった）

を一周して料金は一円だった。今のタクシーには、フロントガラスの片隅に「空車」の表示が出ているが、当時のタクシーには、どのタクシーにも、フロントガラスの片隅に「市内一円」の表示が出ていた。昔の一円と今の一円の貨幣価値の差はこれだけある。昔の子どもだったら、お年玉に五十銭もらったら今の一万円以上の価値があることになる。

この話を、在任中担任していた四年生の児童達に教室で話したら、それから一週間ばかりして、クラスのある児童が道路で五円玉を一枚拾った。話を聞くまでは、五円玉にはそれほど価値を感じていなかったその児童だったが、先生の話を思い出して、

「昔だったら五円あったらタクシーに乗って東京一周が五回できる価値がある。」

と感じて、拾った五円玉を近くの交番に届けたところ、交番にいた警察官が、自分の財布にたまたま五円玉がなかったので、児童が届けた五円玉は受け取ったが、代わりに自分の財布から十円玉を取り出して、児童に十円くれたというので、その翌日その児童が、

「儲《もう》かった、儲かった。」

と得意になってわたしに話したことがあった。こういう話も、子どもの金銭感覚を育てる上で効果のある話なのである。

子どもも知らない、親も知らない昔の話を子どもが祖父母から聞くことは、孫の心に祖父

母はいろいろなことをたくさん知っているということを感じさせ、祖父母への尊敬を持たせるようになる。

話だけでなく、ときには、現代の子どもがあまり経験したことがない、昔の布や木片、藁《わら》や竹などで作った簡単な玩具や装飾品、あるいは道具を孫に見せたり一緒に作ったりして、作り方を教えたりすることも、祖父母と孫との上手なコミュニケーションの取り方である。祖父母と孫との接触は、孫にとっても有益なことで、殊《こと》に祖父母が同居または近所に住んでいる場合には、家族の連帯をもたらす上でも大いに有益な営みとなる。祖父母自身も孫の感想や質問を受けたり、反対に孫の話を聞いて祖父母のほうが知識を開発されたりすることで事実、祖父母自身も若返って来るのである。

＊両親がする子どもの教育に介入し過ぎないように気をつける

両親が、子どもに厳しい教育をしている場合、祖父母が孫を多少甘《あま》やかす程度なら、厳しさと甘さとのバランスが取れて、よい場合もある。また母親が仕事を持っている場合などにも、祖父母が元気なら母親からの依頼に応じて、できる範囲の手助けをして上げることは、祖父母と孫との接点を持つことになって、母親のためにも孫のためにも、祖父母自身の精神的、身体的な健康のためにも有益なことと言える。母親から子育てに関することで相談があったとき、子育ての大先輩として、応分のアドバイスをすることもよいことである。ただこの場合、母親へのアドバイスはあくまでアドバイスであって、祖父母のアドバイスが、母親への指示や命令にならないように注意することが必要である。

子どもの教育は親がするもので、親ではない祖父母がするものではない。わが子の教育の主権者は親であり、子育ての主役は親なのだ。祖父母には、親を越えて孫を教育する権限も義務もないことを、十分によく弁《わきま》えてかかることが大切だ。特に母親がまだ若い母親であったり、祖父母が母親の親でなく父親の親である場合、母親がする子どもの教育に祖父母が事ごとに干渉すると、母親は舅《しゅうと》である祖父や姑《しゅうとめ》である祖母への気兼《きが》ねから、母親の教育権を侵害されることになる。これは祖父母として絶対にしてはならないことである。祖父母が親を越えて、孫を自分の思いどおりに育てようとしてはならないということだ。

母親からの相談に乗り、必要なとき必要に応じて祖父母としてできる最小限の手助けをすることはよいことだが、子育てはあくまで親の権限であり、義務であり、責任である。子育てにまだ不馴《ふな》れな若い母親や、子育ての問題で悩みがある母親から相談を受けたとき、適切なアドバイスをしたり参考資料を提供したりすることは、祖父母としてできる大変有益な、母親への子育て支援になるが、確信を持って子育てをしている両親に、親を越えて祖父母が、あれこれと干渉することは、親のためにも孫のためにもしてはならないことを祖父母は知っておかなくてはならない。

＊孫を祖父母の愛玩物扱いしたり、親の子育てに干渉し過ぎたりしてはならない

祖父母が孫を自分が楽しむためのあたかも愛玩物であるかのように猫可愛がりすることは、母子密着型の過保護な母親が子どもを甘やかすのと同じことになり、結果は母親の過保護以上に孫によくない結果をもたらす場合が多いから、十分に注意しなくてはならない。祖父母と孫との関係は、付かず離れずがもっともよいのである。息子夫婦と同居していたある祖母が、子どもの自立を促《うなが》そうと意図《いと》する母親の意向とは反対に、孫の衣服の着脱を小学校に入学してからも、毎日してやっていたために、小学校三年生になっても、その子は衣服の着脱が満足にできず、担任の先生をびっくりさせた実例もある。孫にねだられるたびに、孫

の要求どおりに菓子類を与えたり小遣《こづか》いを与えたり、親が与えない高価な物を孫に買い与えたりすることは差し控えなければならないことである。

また祖父母が孫を、自分の思いどおりに育てようとしてはならない。親ではなく祖父母が孫を名門校に入れようとして、孫を塾に通わせたり、家庭教師を付けたり、その費用を祖父母が出したりすることも、子育ての主役である親の領域にまで立ち入った祖父母の出過ぎた過干渉であると言える。

＊孫の両親を信頼し孫の両親に感謝する祖父母は、孫からも尊敬され孫の両親からも信頼され感謝される

孫にとって善い祖父母である根本条件は、孫の両親を信頼し、孫の両親に感謝する祖父母であることである。その中でも特に大事なことは、孫の父親が自分の息子である祖父母は、息子である父親以上に、息子の妻である孫の母親を信頼し、孫の母親により多く感謝することが大切だ。また孫の母親が自分の娘である祖父母は、娘である母親以上に、娘の夫である娘の父親を信頼し、孫の父親により多く感謝することが大切だ。このことは、孫の両親が、

祖父母の推薦で結婚した両親であっても、祖父母の反対を押し切って結婚した両親であっても関係なく同じである。このような祖父母は、孫からは間違いなく確実に尊敬され、孫の両親からも信頼され感謝される。

もっともよくないのは、結婚して独立した孫の父親である息子にいつまでもべったりで、息子の妻である孫の母親を事ごとに批判したがる祖母であり、結婚して独立した孫の母親である娘にいつまでもべったりで、娘の夫である孫の父親を事ごとに批判したがる祖父である。これは、その反対にしなければならない。反対にすればちょうどよくなる。孫の両親には格差なく、平等に信頼し、平等に感謝できることになるのである。そうしたら万事がよくなる。孫からも尊敬され信頼され感謝され、孫の両親からも尊敬され信頼され感謝される祖父母に必ずなる。

孫の教育に関しては、孫の両親から要請があれば、できる範囲の支援はするが、祖父母のほうから事ごとに介入せず、孫の両親を信じて感謝の心で見守ることである。そして孫と接触する機会には、孫の両親には最大限に明るく対応し、孫のよい面を見て大いにほめ、あわせて孫には有益な文化の伝達を忘れないことである。

18　親の子離れ、子の親離れ

＊動植物の親子関係と人間の親子関係

植物は種子が地上に落ちた瞬間から自力で育つ。地上に落ちた種子は自然の力によって地中に埋まるが、それから先は、水と温度さえあれば、種子はしだいに育ってやがて芽を出す。まず根が出て、地中の水に溶けた養分を吸収し、種子は育つにつれて地上に出る。そして種皮が破れて、子葉《しよう》が出て来る。種皮の中の胚《はい》の部分が根となり子葉となるのである。種皮の中から出た子葉は双葉になり、それから先は根から吸い上げた養分と、空気中の二酸化炭素とを使い、日光の助けで葉に澱粉《でんぷん》を作りながら生長する。そして小さな草花となって育つ植物もあれば、穀物や野菜となって育つ植物もあり、大木に育つ植物もある。

植物は自然の力に支えられながら、種皮の中の胚が根となり子葉となり双葉となって、一人前の植物になるまで自力で生長するのである。

動物は、胎生《たいせい》動物、卵生《らんせい》動物その他種類によって育ち方のプロセスはそれぞれ異なるが、比較的高等動物に属する胎生動物について言えば、動物の親は子が餌《えさ》を捕獲できるところまでは育てるが、それから先は育てない。後は子動物がまったく独立して一人で生きる。

人間だけはそうは行かない。人間は肉体を持って誕生した瞬間から、個性に応じて将来社会貢献をしなければならない神の使命を帯びて誕生しているからである。したがって、人間の親は、わが子を社会人として社会に貢献できる一人前の社会人に育てる神の使命と責任を持っているのである。ここが動植物と人間との違いであり、動物や植物の親と、神の子・人間の親との違いである。動物の生涯は、自分が安全に生きてさえいればそれでよいが、人間の生涯は、ただ自分が安全に生きているだけではだめで、生涯を通じて社会に貢献しなければならないのである。

だから人間の親は、子どもを社会に貢献できる一人前の大人に育てて放さなければならないということだ。

＊子離れのできない親と、親離れのできない子

世間一般的に、親には二つの感情が交錯《こうさく》している。一つは「早く大人に育って欲しい」という思いと、もう一つは「いつまでも子どものままでいて欲しい」という思いである。この交錯した二つの感情は、親自身が気がついている現在意識的な思いではなく、親自身が普段は気がついていない潜在意識的な思いである。そして、どちらかと言うと、父親の場合だと、息子に対しては「早く大人に育って欲しい」という思いが強く、娘に対しては、「いつまでも子どものままでいて欲しい」という思いが強いものだ。これとは反対に、母親だと、息子に対しては「いつまでも子どものままでいて欲しい」という思いが強く、娘に対しては「早く大人に育って欲しい」という思いが強いのが一般的である。

娘に彼氏ができたとか、娘が彼氏と結婚したいとか言い出すと、「結婚はまだ早い」とか、理由もないのに娘の結婚に賛成したがらないのは母親よりは父親に多い。母親のほうが、この場合娘の味方になって物わかりがよい。ところが、息子が結婚すると、息子の嫁に息子を奪《と》られたような気持ちになって、事ごとに嫁いびりをしたがるのはだいたいが母親で、父親

で嫁いびりをする父親は、普通ではまずいない。母親も、息子が結婚したら、それから先は生涯息子の伴侶となって息子の面倒を見てくれるのは、息子の奥さんだから、本来なら、大いに信頼して、大いに感謝しなければならないのだが、息子から子離れのできない母親がいてトラブルを起こすのである。もちろん、子離れのできる父親も、子離れのできる母親も大勢いることは申すまでもない。

子どもは自立させるのが子育てであるから幼児の頃から、できるだけ子どもが自分でできることは自分でさせるようにして、徐々に自立を促すことがよいのである。子どもの自立に関しては父親にはほとんど問題はないので、子どもと接触時間の長い母親に問題がある。子どもも小学校四、五年頃になると、自然に自立が見え始めて来る。この頃に正しく自立させられる母親はよいのだが、母親が何でも先行してレールを敷いてしまって子どもの自立を妨《さまた》げていると、子どもは反抗的になる。それは生命生長の自然な要求だ。

中学生になっても、毎朝学校へ乗って行く自転車を、裏口から玄関まで持って来てやる母親がいて、子どもが学校から帰ると、毎日必ず子どもと一緒におやつを食べることを習慣にしていた母親がいたが、子どもは自立年齢をとっくに過ぎているのに、いつまでも幼児扱いされることに重荷を感じるようになり、中二の中頃から、家出を繰り返すようになって母親を悩ませた。母親から相談を受けたのは、彼が中二の二学期が始まって間《ま》もなくだった。母親と直接面談したのだが、母親の話を聞くと、彼は中二の男子で学校では成績もよい。家出と言っても、まるで家に帰って来ないのではなく、週に三回か四回、友達の家に、親には断わらずに一泊か二泊しては帰って来る。学校へは、友達の家に泊まっても欠席なしに登校している。それほどたいした問題でもない。普通の子でも、今どきの中学生は、この程度のことなら、女子でもいくらもあることで、ただ事前に親に断わってあるかないかだけの問題である。わたしは母親に、

「中二の子が友達の家に一晩や二晩泊まることがあるのは、何でもない普通のことだ。あなたは、それをなぜ家出だと思うのか。」

と聞いてみた。すると母親は、

「無断だし、どこに泊まっているのか、わからないから。」

と答えた。

「携帯電話は?」

と聞いたら、持っているけれど、電源が切ってあるので通じないのだそうだ。よくよく聞いてみると、親しい友達がいて、その子の家に泊まっていたらしいとのことだった。

「その子の家の電話は？」

と聞いたら、

「わからない。」

と言う。

母子密着型の割には、肝腎《かんじん》のところが押さえられていない。

そこでわたしは母親に、

「あなたは子どもに何でもしてやり過ぎだ。中学生にもなって、毎朝学校へ行くのに乗る自転車を玄関に設置してやる必要はない。子どもが帰って来るのを待っていて、一緒におやつを食べる必要もない。もっと子どもを放しなさい。幼稚園児ならいいかも知れないが、中学生にもなって、何でも母親がしてくれることは、自立したい子どもの欲求が抑《おさ》えられるから、子どもは外の世界へ飛び出したくなる。明日は帰って来るだろうから、帰って来たら、子どものかまい過ぎは一切おやめなさい。人間は神の子だから、どの子も、たいていのことは自分一人でできる力を小学生でも持っている。あなたの息子さんは中二だし、学校の成績もよいほうらしいから、なおさら自分でできないことはほとんどないはずだ。あなたの手の出し過ぎをやめたら、息子さんはたまには友達の家に泊まりに行くことはあっても、それはそれでいいので、そう週に三回も四回も泊まりに行くようなことは放っておいてもすぐなくなる。」

と話した。その後この母親とは、三回は電話で、二回は直接会って、最初の相談から合わせて五回相談した。その間わたしが一貫して話したのは、母子密着型をやめて、子どもを信じて放すことだった。母子密着は、子離れのできない母親の束縛である。束縛したら子どもは必ず逃げる。その母親は、生長の家の教育法をある程度まで知っている人だったから、最初から話もよくわかったが、その後、母親が母子密着型をしなくなったら、子どもも友達のところへ外泊しなくなり、それでも中学生、高校生がたまには友達のところへ泊まりに行ったり、友達が泊まりに来たりすることは、何でもなく普通あることだから、それはそれでよいと言っておいたのだが、それも、そのような場合には母親に事前に連絡して来るようにもなった。生長の家の教育法は、放任はしないが、過干渉と過保護をせず、子どもを信じて放す教育法なのである。この教育法でよくならない子どもは一人もいない。

＊親離れのできない幼児症候群の若者や大人

幼児が何でも親に頼るのは当然だ。それと同時に幼児は何にでも触りたがる。新しい経験をしたがる子ども本来の生命の自立の兆候である。ただ、幼児には危険と安全の区別がつかないことがあるから、危険を未然に防ぐのは親の責任だ。防ぐだけでなく、してよいことと、してはならないことを、しっかり教えるのも習慣づけるのも親の責任である。

そして、子どもが幼児期を脱して児童期に入る頃までには、自分の身の回りのことは、ほとんどのことが自分一人でできるようにならせておくことが必要である。それから先は、年々親が子どもに手を出してしてやることを少なくして行くことが大切で、また自分のことはできるだけ自分で考えさせるように習慣づけて行くことが大切なのだ。これをしないと、いつまで経っても、身体的には成長しても、精神的にひ弱で未熟な子に育つ。小学校三年生になっても、学校の明日の時間割を親が揃《そろ》えて、筆箱に鉛筆をきれいに削って入れてやるようなことをしてはならないのである。学用品の忘れ物を親が学校まで届けるのは、せいぜい一年生の一学期限りでやめることだ。学校で子どもが困っても、それは子どもの自己責任であることを、経験によって分からせなくてはならない。

最近よくあるのは、朝食が済んで登校する前に、テレビの好きな番組に見入っていたり、テレビゲームに夢中になっていて、学校に遅刻する子どもがいることだ。それはその時間にテレビを見たり、テレビゲームをする習慣を、親が子どもにつけさせてしまったからである。本来なら、朝に限らず、食事中はテレビを見ないのが、親も子も食事のマナーなのだ。これはまず親がそうしないと、子どもには習慣づかない。学校でも、「昼の放送」と言って給食時間中に校内テレビで放送番組を組んで放送する学校もあるが、それが給食が済んで、外へ出て遊んでもよい昼休みが始まるまでの間なら差し支えないのだが、給食中にテレビを見ながら給食を食べさせることは、学校がする食事指導としてはよくないことなのである。

わたしが在任していた東京都港区立高輪台《たかなわだい》小学校では、午前の授業終了が十一時五十分、給食時間が準備と後片づけを含めて十一時五十分から十二時四十五分、十二時四十五分から十二時五十五分までが校内テレビ放送の時間で、十二時五十五分から午後一時十五分までの二〇分間が、校庭で自由に遊んでよい昼休みの時間、午後一時二十分になるとチャイムが鳴って午後一時二十分から午後の授業が始まる日課になっていた。昼休みには、学校中全学級が、雨天の日以外は児童を教室には一人も居残らせず、全員校庭または屋上に出して外で遊ばせるきまりになっていた。

登校前に子どもにテレビを見せたり、テレビゲームをさせたりするからいけないので、朝食後の時間は登校の準備をする時間であって遊ぶ時間ではない。言ってもやめないから放っておくというのでは教育にはならない。してよいことと、してはならないことを、小学生になる以前の幼児の頃から、しっかり教えて子どもの心にしっかりわからせておかなければならないのである。

子ども中心ということは、子どもを主権者にしてしまうことではない。教育の主権者は親である。ここを間違えると、子どもは親が何でもしてくれるのは当たり前という感覚になって、そのまま大人に育ってしまう。大人になっても親離れのできない、精神的に未熟で自分一人では何もできず、それでいてプライドだけは人一倍高い甘ったれな幼児症候群の若者に育ってしまうのである。

親の子離れも心得ておかなければならない大事なことだが、いつまで経っても親離れのできない大人に子どもを育ててもならないのである。

＊子どもの実相を見つめて、的確な現象処理をする

本書の冒頭で、「実相と現象をはっきり区別する」ということを述べた。子どもの実相は、神の子であり、神そのままであって、円満完全、無限才能、無限力である。まず大事なこと

は、親自身が自分の実相を信じ切ることである。自分の実相が神の子で、神そのままであることが自覚できたら、子どもの実相、つまり本当のわが子が、神そのままで、円満完全であり、無限才能、無限力であることが分かる。そうすると、そのとき、時と事と場に応じて子どもに対処する仕方が、親自身の中に在《あ》る神の知恵に導かれる。神の知恵で子どもに対処するならば、親の子どもに対する教育手段、すなわち現象処理は、必ず的確に機能する。子どもはほめても善くなる。叱《しか》っても善くなる。甘やかしたつもりが、甘やかしではなくなる。厳し過ぎたかなと思ったことが厳し過ぎずに善い結果をもたらす。放任が放任でなくなり、束縛が束縛でなくなる。親の現象処理の仕方が的確に機能するようになるのである。

親が現象の立場にだけ立っていて子どもの現象だけを見つめていたのでは、子どもの実相は見えない。すると、現象は千変万化だから、そのつど親の心は、善くも悪くも動揺する。親の心が子どもの現象に振り回されるのである。

次に、親が現象の立場にだけ立っていて、子どもの実相を見つめようとするとき、これは非常な努力を要するのである。現象が本物で実相は架空な観念的存在だと確信しているからである。本当は善くない子どもを、実相とか言うものを見て善くしようと思っているのでは、親の視点は依然として子どもの現象に集中しているから、子どもの実相がわからない。わからなくては、いくら引き出そうとしても引き出すことは難しい。それはちょうど、水をかけながら火を燃やそうとしているのと同じであり、油をかけながら火を消そうとしているのと同じである。

最初にまず親自身が実相の立場に立つことが必要だ。親がまず、自分が神の子で本当の自分は神そのものであり、無限智、無限愛、無限生命、無限力である素晴らしい親であることを確認することだ。

「わたしの夫は日本一、日本一の夫で日本一の父親。」

「わたしも日本一の妻で日本一の母親。」

と断固として心に確認することだ。そして、

「日本一の両親の子は日本一、わが子は神の子、日本一。」

と常時心に確認し続けることだ。

生長の家の教育法は、ここから出発する。

過干渉の親もない。過保護の親もない。知育偏重の親もない。両親不和の親もない。不登校の子どももない。非行化する子どももない。ニートになる子どももない。子離れができない親もいない。親離れができない子もいない。わが内なる神の摂理に則《のっと》り、内なる神の知恵

に導かれ、その時その場で的確な現象処理をする。

教育に限らず人生上の出来事何でもそうだが、いくら実相を見ているつもりでいても、現象処理が的確さを欠けば、実相を見ていることにはならないのである。現象処理とは行動を言う。子どもの実相を見つめるということは、親自身がまず自分の実相をしっかり確認して、実相の立場から、形に現われている現象の子どもを眺《なが》め、親の中に在《あ》る神の知恵の導きに従って、時に応じ、事に応じ、場に応じて的確な発言、的確な行動で子どもに対処することが必要なのだ。

教育には、子どもの実相を見つめることと、そのつど的確な現象処理をすることが必要である。現象処理をしなければ、現象は善くも悪くも何にも変わらない。子どもの現象を善くしようと思って焦《あせ》ったり思い悩んだりするのではなく、まず親自身が実相の立場にしっかり立って、そのとき親自身の内から自然に湧《わ》き出て来る親の中に在る神の知恵で子どもに対処しさえすれば、そのつど考えあぐねなくても、それが的確な現象処理となって、的確な現象処理の継続が、子どものいかなる現象でも、善い現象はますます善くなり、善くない現象はただの一例の例外もなく、一〇〇パーセント確実に消えるのである。光が当たれば闇が消えるのは当然の事実である。

19　自然を愛する心を育てる

＊地球環境の保護は全人類的共通の課題である

今、人類の未来を考えるとき、喫緊《きっきん》の課題として浮かび上がって来る共通かつ重要な問題に、地球エネルギー資源の保存と、地球温暖化防止の問題がある。この二つの問題には相関関係があって、どちらだけをどうと言うわけには行かない切り離して考えることのできない問題である。

考えてみると、地球環境がどうなるこうなるというようなことなどは、人類の歴史始まって以来二十世紀中頃以前には、一般社会では話題にも上がっていなかったことだ。誰もが地球は太古の昔から永劫《えいごう》の未来へ向かって永遠に変わることなく安泰であるものとだけ信じ切って疑わなかった。そして人類の文明も科学技術の発達も、無制限に発達を遂げ、それが世界人類に輝く未来のみをもたらすと信じて疑わなかったのである。

それが二十世紀の後半から二十一世紀の現代にかけて、人類共通の大問題として浮上して来るに至ったのは、地球自体が自然にそうなったわけではない。そこには、長期にわたって無限に発展し続けて来た人類文明と科学技術の長足な進歩がもたらす恩恵の中で、自然の恩恵を忘れ、ひたすら人間のみの生活の便利さ、快適さ、および人間の欲望の達成にだけ、人間独善で自然を破壊して顧《かえり》みようとしなかった人間の驕《おご》りがある。それが今日《こんにち》の事態を生み出しているのである。

明治以来、もっぱら富国強兵を旗印に、世界に追いつけ追い越せで一路驀進《ばくしん》し続けて来た日本も、もうその時代はとっくに過ぎた。現代ではアメリカと並ぶ、それどころか物によってはアメリカを越える世界最高レベルの科学技術大国になっている。現代の日本は、ただ単に自国の利害損得にのみ捉われている立場にはないのであって、地球レベルで、世界的視野に立って自国のことももちろんではあるが、広く世界人類共通の平和と繁栄に進んで貢献しなければならない立場にある、世界に影響力を持つ国であることを忘れてはならない。

エネルギー資源について考えてみるならば、今、世界の総人口の二〇パーセントが日本を含む先進文明国の人々であり、残る八〇パーセントが発展途上国の人々である。一方地球エネルギーの総量の八〇パーセントを使用しているのは先進文明国の人々なのだ。だから人口比率八〇パーセントの発展途上国の人々は、残りの二〇パーセントのエネルギー資源で生活していることになる。

先進文明国のほとんどは北半球に集中しているので、先進文明国と発展途上国、特にアフリカを中心とする国々との国民の生活レベルの差を、「南北格差」という。これから先、先進文明国の科学技術や生活様式が年々しだいに南の発展途上国に流入して行くと、アフリカ諸国やアラブ民族が、自分達の生活レベルをアップするためには、現在の二〇パーセントのエネルギー資源ではとうてい間に合うわけがない。

その上、人口増加率が断然高いのは、南の発展途上国である。文明生活を維持する中核的なエネルギー資源は石油だが、現状のままで推移するならば、地球上の石油資源は今後二、三〇年を経過すれば確実に不足する。そのとき考えられることは、石油の産油国が原油の価段をどんどん吊《つ》り上げること、それを抑えようとして石油の確保を図る先進文明国との間に石油をめぐる深刻な争いが生じることだ。南北格差に端を発する戦争が起こるということである。

もし世界の平和と人類共通の繁栄を維持しようとするならば、先進文明国の人々は、現行のエネルギー資源の消費を四分の一削減しなければならないが、現在のように、生活のあらゆる面で、そのほとんどを石油に依存している状態のままでは、事実上それは無理である。

ここに考えられなくてはならないのが、先進文明諸国が率先して、その高度な科学技術を総動員して石油エネルギー以外のそれに代わる動力資源を開発することだ。だがそれは今すぐ急にはできない。少なくとも現時点においては、石油エネルギーの削除を工夫しながら、それに代わるエネルギー資源の開発と利用に英知を結集して全力を挙げることであろう。

＊地球温暖化防止に国民の総力を結集する

以上はエネルギー資源の分配に関することだが、それと切っては切れないもうひとつの重要課題に、地球温暖化防止の問題がある。

エネルギー資源の保存も含めて、地球温暖化防止に関し、世界の各国に協力を呼びかけ具体的な協力対策をまとめ上げた「京都議定書」のまとめ役を果たした議長国は日本である。「京都議定書」の議長国である日本国の国民が、世界に率先して、エネルギー資源の節約に努力し、地球温暖化防止に積極的に協力するのは、当然のことであろう。それは、国際平和と世界人類の繁栄福祉に貢献する立場にある先進文明国日本の国民一人々々に課せられた崇高な神の使命である。

読者のみなさんの中には、気がついておられない方もおられるかも知れないが、ここ一、二年、東京都、神奈川県その他関東六県のよく晴れた日の空をよく見ると、空の色が青々と澄み切ってきれいになっている。市街地の並木の緑も瑞々《みずみず》しく生き返って美しくなっている。これは東京都の石原都知事が関東各県の知事に呼びかけ、千葉県が同意しなかったが、賛成した東京、神奈川、埼玉、群馬、栃木、茨城の六県で、ディーゼル車の大型トラックとオクタン価の高いガソリンを使用したトラックの都県内への侵入を禁止する条例を施行したからである。その後千葉県も同意の方向に傾きつつある。現在は関西のほうが温暖化現象は強く、大気の状況も汚染されている。特に大阪市がよくない。

大都市に限らず、地方の市町村もほとんどの道路がアスファルト化しているため、雨水が地下水となって地中にしみ込まず、炎天下の地熱の照り返しや、近代化したビルのコンクリートの照り返しで、地球温暖化に一層の拍車をかけているが、ごく最近では、地面のアスファルトも、水浸性があって雨水を地下水としてしみ込ませる構造に改善されつつある。

小学校高学年の理科の授業でも児童に教えられていることだが、太陽の熱が空気を温《あたた》めるのではない。気温の上昇は太陽で空気が温められるからではなくて、太陽の熱は地面を温め、その地面の熱が反射して空気を温め、気温が上昇するのである。よくあることだが、冬などに空が曇っていて、地面の温度はまだ十分温まっていないのに、突然雲が切れると、急に暖かさを感じることがあるのは、太陽の熱が直接人体に放射するからである。部屋の中の空気は冷たいのに、ストーブに手をかざすとすぐに手や身体が暖かく感じるのも、ストーブの熱の放射であって同じ原理なのである。

森林が乱伐されると、日陰がなくなって露出された地面が太陽熱で温められ、その地熱の反射で空気の温度も上昇する。この原理は空気も海面も同じである。

北極海から流れる冷たい海流がアメリカのフロリダ半島の近くを流れてグリーンランド島近くで海底深くに沈下して、深海流となる。その深海流がアフリカのケープタウン近海を回って北上し、日本近海を流れて、アラスカの辺りで深海から噴出する。これが寒流の流れである。ところが最近は地球の温暖化にともなって、グリーンランド島付近で沈下する深海流がなくなりつつある。空気でも水でも温度が下がると下へ流れ、温度が上がると上へ流れるからである。深海流がなくなると、深海に生きる生物が棲息《せいそく》できなくなる。と同時に深海流に乗って、日本近海へ移動して来る寒流魚が減少する。ニシン、タラ、マスなどの寒流魚の漁獲量に大きな影響を与える。

そればかりではなく、北極大陸の氷が解けて大陸の一部が氷の島となって大陸から流離して流れ始めている。これが続くと白熊の絶滅が危ぶまれるという動物学者の声もある。さらに問題なのは、南極大陸の氷が氷解し始めたときである。水の体積は温まると膨張するから、海面が上昇する。南太平洋には、住民が住んで生活している小島がたくさんあるが、海面の上昇で水没の危険があり、住民から深刻な不安の声が上がっている。

最近人類史上最悪の大天災と言われたインド洋の巨大津波も、たまたま海底の活断層の変動で地震そのものは決して大地震ではなかったが、温暖化で海水の体積が膨張して海面の水位が高くなっていたところに津波が起こったので、大惨事を招く巨大津波となったという説もある。

また続いてアメリカ東南部を襲った巨大ハリケーン「カトリーナ」その後にまた起こった「リタ」や、メキシコに上陸してアメリカのフロリダ半島にまで多大な被害をもたらしたハリケーン「ウィルマ」、「アルファ」等も、いずれも大きな水害を生じているが、これらも地球温暖化にともなう海面の上昇と関係があるとも言われている。

日本もここ一、二年は冬は暖冬、夏は猛暑の連続で台風が多発し、かつてはなかった六月台風に始まって、平成十六年には、冬の初めの十二月初旬まで台風が襲来したが、幸い日本はまだ森林が豊かな国だったこともあって一部の地域には台風にともなう豪雨による水害も生じたものの、アメリカやメキシコのような壊滅的な被害には至らずに済んでいるが、今後のことはわからない。

地球が温暖化すると、季節の変わり目が不順になる。平成十七年には秋の到来が遅れて山々の紅葉《こうよう》が遅くなっていると言われて来たが、これは秋の到来が遅くなったのではなくて、秋が真夏並みに温暖化していたということなのである。このように地球温暖化の影響で季節の区切り目が不順化して来ると、自然現象に異常現象が生じやすくなるということも専門家の意見である。

＊地球環境保護の心を育てるのは現代の大人の責任である

地球環境の保護、地球の温暖化防止は、政府や官公庁、あるいはその道の専門機関や企業に任《まか》せておいたらできるというものではない。国民一人々々の意識が温暖化防止に取り組もうと積極的に考え、日常生活の中で進んで行動化しないとできるものではない。地球が今すぐ、きょう明日にでもどうこうなるというわけではないが、それは現在の子ども達がこれから先長く生きる二十一世紀の世界、さらにその先の孫の代にまで、住みよい地球、安全で美しい地球を維持するために、エネルギー資源を大切に保存し、地球温暖化の防止に全力を挙げ、子ども達にも自然を愛し地球環境を守ろうとする心を育てることは、現代の大人の使命であり責任である。

オランダの人々は、ある森林を必要があって伐採した後には、必ず同じ種類の苗木を植林する。だがその苗木が大きく育って森林を成すようになるには、約二〇〇年の歳月を要するのである。つまり新しい森林ができ上がる頃には、植林をした人達はもういない。けれどもオランダの人達は、今自分が生きている間のことだけではなく、子々孫々までもが豊かな自然に恵まれた環境に生きられることを祈って今も森林伐採の後には必ず植林を続けているのである。

「教育は百年の大計」と言われているが、二十一世紀はこれから先まだ一〇〇年近くある。地球環境の保護は今だけやればよいものではない。今の子ども達が社会人として生きる世界は二十一世紀の未来世界である。その未来世界の地球環境をより美しく、より安全で、より住みよい環境にするためには、現在のすべての大人が自然を愛し、自然と共に生きる範を示すと同時に、その心と生活態度を子どもに育てることを忘れてはならないのだ。

「生命尊重の教育」ということが頻《しき》りに言われるが、生命尊重の教育の根本は、「肉体が人間ではなく生命が人間である」との正しい人間観の確立である。と同時に、すべての自然も生命の現われであるということだ。地球は生きているのである。生命は自他一体であり、相互に生かし生かされているのである。自然から受けている恩恵に感謝し、自然を愛し、自然を生かそうとする心を現代の子どもの心に、しっかり育てることが必要で、それはまず大人がして見せることだ。親がして見せることだ。これが教育である。

＊石油資源によらない新しいエネルギー資源の開発を考える

わたし達の現代の日常生活は、そのほとんどが電化されている。そしてその大半が石油資源に頼っている。石油に頼っているのは電力ばかりではない。プラスチック製品の原料は石油である。衣服も合成繊維の原料は石油である。もし万一石油が枯渇したら、現代の文明生活は完全に破綻《はたん》する。だがその石油資源は永遠に無限にある資源ではない。現実に今でさえも産油国の石油の生産量は低下しつつある。その一方で石油の需要量はますます増えつつあることは確かなことだ。生産高が低下して、需要量が増加すれば、石油不足は当然到来する。新しい動力資源の開発が、必然かつ緊急を要する事実であることは明らかである。

今仮に日本の動力資源に例を取って述べるならば、現在の日本では、石油を燃料とする火力発電が約七五パーセントである。これに次いで原子力発電が約一五パーセント、続いて水力発電が約五パーセントで、新しい動力資源として開発されつつある太陽熱発電、風力発電、地熱発電、さらには海洋熱発電は、平成十七年現在ではまだいずれも三〜四パーセントに過ぎない。このうち風力発電については、東北地方の青森県龍飛崎《たつぴざき》地方ではこれまでも風車を使って行われて来たことで、現在も行われており、地熱発電も北海道の一部の地域では、以前からそして現在も行われている発電方法である。

問題なのは、石油燃料を動力源とする火力発電や、石油を原料とするガソリンエンジンが発する二酸化炭素の過剰《かじよう》排出、また大量のゴミを焼却する際の二酸化炭素の過剰排出が、地球周辺の空気を温暖化させたままで、空気の逃げ場を失わせてしまうのだ。つまり地球の周りを温室状態にしてしまう。これを「温室効果ガス」という。この「温室効果ガス」が地球温暖化の元凶である。

この「温室効果ガス」を排除または極力最小限に抑えることが地球温暖化防止なのだが、

その根本対策は、従来までの石油燃料を動力源とするエネルギー方式を、「温室効果ガス」の原因となる二酸化炭素を排出しないエネルギー方式に改革する必要がある。

そこで考えられるのが、太陽エネルギー、風力エネルギー、地熱エネルギー、海水利用エネルギーの開発である。具体的には、ガソリンで走る車やバイクを、電気で走る車やバイクに変える。その元になる電力も石油燃料による火力発電方式を廃して、安全かつ永久性のある自然エネルギーによる発電方式にするということだ。

現在も日本が用いている原子力発電は、石油燃料にはまったく関係ないから、二酸化炭素を排出することはない。だから地球温暖化にはならない。原子力は、使用済み核燃料の再生ができるから、使用済み核燃料棒を再処理することで、永久に使えるということもある。だが問題なのは、使用済み核燃料棒の再処理は核爆弾の製造にもつながるということだ。現在北朝鮮が、原子力発電のための平和利用に核を開発するだけだといかに主張しても、アメリカがそれではＯＫしないのも、核燃料の再処理をすれば、それによって核爆弾も製造できるからである。

フランスは発電の大半は原子力発電で、ドイツも原子力発電が平成十四年には約三〇パーセントを占めたが、同年に原子力発電所を以後段階的に廃止する法律ができ、今では廃止の方向に向かいつつある。

日本の場合は、世界で唯一の原爆の被爆国であるという過去の歴史から、原子力や放射能に対する国民の警戒心が強く、また放射能漏れの危険がまったくないとは言えず、事実、周辺住民には被害はなかったものの、原子炉の部品の故障から放射能漏れがあった例もあり、原子力発電には否定的な感情が強い。使用済み核燃料の再処理は、核爆弾製造にもつながることもあって、日本では核燃料再処理の施設も持ってはおらず、使用済み核燃料の再処理はフランスに委託して、日本では行《おこな》っていない。

石油燃料に変わる新しいエネルギー資源の開発として、もっとも安全かつ永久性が高く、期待されるのは、太陽熱エネルギーの開発であろう。

最近は個人住宅でも、太陽熱の吸収充電装置を備えている住宅もあるが、将来的には政府機関や官公庁、学校、大企業のビルにも、大型の太陽熱吸収充電装置が設けられるようになって、発電所そのものが太陽熱エネルギーを電力として全国に送電できるようになると、地球温暖化防止に絶大な効果があると予想できる。

＊個人や家庭でできる日常生活の中での地球温暖化防止

結局は、一人々々が地球温暖化防止を真剣に考え、実行しないと地球温暖化防止もお題目に終わってしまうことになる。それはひたすら人類自滅の道を歩んでいるだけのことである。子どもにも、このことは教えなければならない。日常生活のごく些細《ささい》な行動の中に、地球温暖化の防止とエネルギー資源の有効利用を意識して一人々々が実行することが大切だ。

まずは二酸化炭素の過剰排出を防ぐためにゴミの量を減らすことだ。デパートでもスーパーでも、街の個人商店へでも、買い物に行く際に、何回でも使える自分個人用の手提げ袋を用意して、必要以上の余分な包装紙や紙袋をもらわないようにするのもよい方法である。

わたしは本屋や文具店で、いろいろな本やノートや原稿用紙やファイル等をよく買うが、いつも、

「鞄に入れて行くから包装紙も袋も要らない。」

と言って、品物だけを受け取って自分の鞄にそのまま入れて持ち帰る。他人様に贈る贈答品などは別であるが、考えてみると、包装や紙袋など要らない場合はいくらもある。だから

わたしは、何も持たずに手ぶらで出かけたということがまずない。どこかで何かを買ったとき、入れられる鞄や手提げ袋を必ず持って出かけることにしている。買った品物が大きくて入らないような場合は別だが、それでも必要以上の包装は断わることにもしている。どうせ廃棄物になる紙袋や包装紙は、はじめから要らないということだ。中には、紙袋がその店の宣伝用になっている店もあって、どうしても店の袋に入れさせてくれという店もあるが、その紙またはビニール袋が、後に利用価値のある物なら、せっかくそう言うのだから有難くもらって来ることもあるが、それでもたいていは断わることにしている。

最近はどこでもゴミの分別回収がよく行われているが、これもただ燃えるゴミと燃えないゴミというのではなく、またビニール類と紙類というのではなくて、再生できるものとできないものとを分別しているのである。ここ一、二年、ゴミの分別が徹底されて来たことで、ゴミの焼却工場の数が減っている。その分だけ二酸化炭素の排出量が少なくなって地球の温暖化防止には大いに役に立っていると言える。ゴミの量を少なくすることや、ゴミの正確な分別に協力することも、日常生活の中での地球温暖化防止への一人々々の貢献である。

また最近は、町内会や各種団体のボランティアの人々によって、街の通りや公園などの清掃やゴミ拾いがよく見られるようになった。こうして集められたゴミは、最終的には分別されて、再生されるものもあり、焼却されるものもあるから、地球の温暖化防止というよりも、直接的には地球環境の美化に貢献していることになるのだが、道路や公園がきれいになれば、その後に空き瓶や空き缶やゴミ屑を捨てにくくもなり、それが地球環境を大切にしようとする心のアピールにもなるから、結果的には、地球温暖化防止にも十分貢献していることになる。要は地球環境を大事に護ろうとする思いや態度が一人でも多くの人々に伝わり広がり、それが行動となって生活の中に生かされ実践化されることが必要である。

＊地球温暖化防止の身近かな実践策3R

地球温化を防止するための、日常生活的に極めて身近かな実践策に、「3R」というのがある。「3R」とは、リサイクル、リユーズ、リデュースの三つである。

(1) リサイクル

リサイクルは、説明するまでもなく再生することである。分別ゴミが始まったのは、この再生が目的だ。ゴミの分別に正しく協力することは、このリサイクルになる。そのほかにも、家庭の中でできるリサイクルもある。たとえば使い古したタオルやシーツ、枕カバー等を洗って雑巾に作り変えるのもリサイクルの一つである。そのほかにも身の回りにあるもので要らなくなって捨てようと思った物の中にも、ちょっと工夫すると別の用途にたやすくリサイクルできることがいくらでもある。個人でリサイクルできる物は、リサイクルを工夫して、少しでもゴミを少なくするように考えることが、そのこと自体は些細《ささい》なことでも、大勢が心掛け工夫するようになると、地球温暖化防止には大きな貢献力となるのである。

(2) リユーズ

リユーズとは、再生するのではなくて、そのまま別の用途に用いることだ。たとえば、ジュースやビールの空き缶をそのままコップに転用する。もちろん、缶のふたを取った後の部分で手の指先や唇を傷つけないように滑《なめ》らかにする工夫が必要だが、これがもっとも簡単にできるリユーズである。また木箱や、発泡スチロールやプラスチックの空き箱の底に穴をあけ、その上に土を盛って、草花などを育てる植え木鉢に転用するのもリユーズである。もう今では使っていないような古いセトモノの火鉢を庭の片隅に埋めて、水を入れ水草を浮かせて、メダカを飼ったりして小さな池を造るというのも、ちょっとしたアイディアに富んだリユーズになる。空き缶のコップ転用に関しては、今、メーカーの間でも従来のブリキ製の空き缶に代わる、もっと薄手でリユーズしやすい缶を試作中で、一部は近く市販される予想がある。

(3) リデュース

リデュースとは、使える物はできるだけ長く大切に使用するということである。今は何でも新製品が矢継《やつ》ぎ早《ばや》に製作されては市販される時代だが、新製品が出ると、まだ十分に使える物でも廃棄して新製品に入れ替えるのではなく、修理して使える物ならできるだけ長く使おうというのがリデュースだ。

皇太子殿下が、まだご幼少で学習院初等科に通学しておられた頃、母親の美智子皇后は、殿下の筆箱の中に、いつも鉛筆を四本入れておかれ、その中の一本が短くなって使えなくなるまで、新しい鉛筆を絶対に補充なさらなかったという。またもし殿下が四本の鉛筆の中の一本を万一紛失なさっても、それは自己責任であるということで補充してはおやりにならなかったという。

平成十七年、紀宮清子《さやこ》内親王殿下がめでたく結婚されたときの披露宴の衣装も、清子様が選ばれたのは、新装のドレスではなく、かつて美智子皇后が別のあるレセプションでご着用になった和服だった。もちろんそれは清子様ご自身のお好みではあったのだが、何でもすぐ宣伝に浮かされて新製品に飛びつきたがる現代の多くの人々には、大いに他山の石ともすべき反省資料とも言えるであろう。

エネルギー資源の節約も、地球温暖化の防止も、今、一人々々がやらなければならない現代的かつ切実な課題なのである。「わたし一人ぐらいはどうでもよい」では済まされない時代に来ていることを、一人々々が十分に認識して、まずは自分にできることから、毎日の生活の中で、地球環境の保護に全力を挙げると共に、子どもにも、地球環境保護の意識を家庭も学校も共に協力して育てなくてはならない。

自然は生きている。地球も生きている。人間も自然も共に神の生命の現われである。人間は誰もが生まれながらにして、人のために役立ち、日本の国や世界のために役立つ神の使命を持って生まれて来ている。自然を愛し、自然を生かし、地球環境を今護《まも》ることで、わたし達の地球を永遠に安全に、豊かで美しい環境に保ち、世界人類のますますの繁栄と福祉に貢献することは、現代の大人にとっても子どもにとっても、神の子としてこの世に生を受けた人間の果たすべき神の使命であり、神と共に生きる生き方である。同時に、子々孫々に至るまで、教育を通して地球を愛する心を伝えることもまた、現代の親や教師の当然の役目であり、責任であろう。

20　日本の心を育てる

＊日本の心は中心帰一と自他一体の大和の理念である

日本民族本来の心は、神の秩序に帰一して生きようとする中心帰一の心と、すべての人、すべての事、すべての物に感謝の思いを忘れない自他一体の大和《だいわ》の理念である。

どんなものにも必ず中心というものがある。物体の中心を重心というが、重心が安定した物体ほど倒れにくく、重心が不安定な物体はすぐに転倒する。もっとも転倒しにくいのは、円錐《えんすい》または角錐《かくすい》の物体だ。円錐形または角錐形の物体は重心が安定しているからである。

人が集まるところには、必ずその集団の中心者がいる。中心者がいない集団は烏合《うごう》の衆《しゅう》であって、闘争が絶えず離合集散してついには崩壊せざるを得ない。事の大小を問わず、このことは世界の歴史が証明する事実である。

一つの企業でも、会社には社長がいる。社長は会社の中心者である。学校には校長がいる。校長はその学校の中心者である。個人の家庭にも主人がいる。主人とは「主《おも》な人」と書くのであって、主人は個々の家庭の中心者である。

日本国の中心は皇室だ。日本国憲法第一条によると、「天皇は、日本国の象徴であり日本国民統合の象徴であって、この地位は、主権の存する日本国民の総意に基く」と記されている。「日本国の象徴」の象徴ということは、日本国そのものを表わすことであり、「日本国民統合の象徴」とは、日本国民の心を一つにまとめる中心ということであって、したがって「この地位は、主権の存する国民の総意に」基づいているのである。つまり日本国民は皇室を中心として一つにまとまっているということなのである。

国会は、国権の最高機関であって、国の法律の唯一の立法機関ではあるが、国の中心ではない。総理大臣は、国会が決議した法律に基づいて政治を執行する政府の中心者で、国の政治の中心者ではあるが日本国の中心者ではない。日本国の中心は、日本国建国以来、一貫して皇室であり、日本国の中心者は天皇である。

日本の歴史を遠く過去に遡《さかのぼ》って眺めれば、日本国の政治形態は、政治の中心者がいろいろに変わった時代はあった。貴族が政治の中心者であった場合もあり、武士が政治の中心者であった時代もあった。けれども誰が政治の中心者であった時代にも、日本国の中心は、神武《じんむ》建国以来二六六六年、太古の昔から二十一世紀の現代に至るまで、いつの時代にも変わることなく一貫して皇室で、日本国の中心者は天皇だったのである。このことは現実の歴史が証明する間違いのない事実である。国の中心が、二六六六年の驚くべき長期間にわたって、一貫して変わらなかった国は世界中で日本しかない。二〇〇〇年を越えて国名が変わらなかった国も日本を措《お》いて外《ほか》にはないのである。東洋史においても西洋史においても、一つの国が敗戦したとき、真っ先に崩壊するのはその国の王朝である。王朝が崩壊すると、その国の国土は残っても、国体はまったく別な国体になる。またいったん敗戦を経験した国が、敗戦前を遙《はる》かに上回る、世界に貢献し得る豊かな経済力と文明と科学技術を持った先進文明大国に変身したという例も世界史上にはないのである。日本が短期間のうちにそれをやってのけて、「世界の奇蹟」と言われるに至った所以《ゆえん》は、日本が敗戦にもかかわらず、二六六六年の長きにわたって、国の中心である皇室が一貫して変わらなかったこと、つまり物体で言うならば、中心が安定していたからであると言える。

中心帰一と大和の理念は神の秩序であるから、個人でも、家庭でも、社会でも、日本に限らず世界中のどの国でも、中心帰一と大和の理念に立ったら、その個人の運命は栄え、家庭は明るく幸福を実現することができ、社会は安定し、国も繁栄し、国際平和が実現し、今問題になっている地球環境も改善されて、日本人に限らず、世界全人類に永遠の平和と繁栄をもたらすことになる。

＊大和の理念の根本は天地の万物に感謝する心である

古くから日本の国号を「大和《やまと》」とも言う。日本建国当時の最初の政権を大和朝廷と呼んだ。古代の大和朝廷時代に聖徳太子が作ったと言われる「十七条の憲法」には、その第一条に「和をもって貴《とうと》しとなす」と書いてある。「十七条の憲法」は、現在の日本国憲法のように、国の法律として定められたものではなく当時の朝廷の役人達の心得を示したものであったが、それにしても、その冒頭には、「和をもって貴しとなす」と、「和の大切さ」を強調しているのである。

日本画のことを、「大和絵《やまとえ》」という。日本の和歌のことを「大和歌《やまとうた》」ともいう。現代でも日本食を「和食」と呼び、日本人独特の衣装を「和服」と呼ぶ。日本式の部屋を「和室」と呼び、日本的なものの総称を「和風」という。「和」は、「調和」を表わす言葉である。感謝する心が「和の心」である。日本民族は感謝を生活の基本とした民族なのである。

＊自然の恵みに感謝し、自然の中に神の生命を感じる日本の心

日本人は古くから、自然の中にも神の生命を感じ、自然の恵みに感謝する心を持った民族である。今でも日本人は、太陽を「お日様《ひさま》」と呼ぶ。月や星のことも「お月様」、「お星様」と呼び、雷を「雷様」と呼ぶ。小学校で音楽の授業で歌う唱歌の曲の「たなばたさま」の歌詞にも、

「ささの葉さらさら
のきばにゆれる
お星さまきらきら
きんぎん砂子《すなご》」

というのがある。

また、三年生の音楽教材「ふじの山」の歌詞にも、

「あたまを雲の上に出し

四方の山を見おろして
かみなりさまを下に聞く
富士は日本一の山」

というのがある。雨が降ることを「おしめり」とも言う。「花が笑う」、「風がささやく」、「山が呼ぶ」など自然を擬人化《ぎじんか》したり、自然に敬語を付けたりする言い方が、日本語の中にはたくさんある。食物にも敬語を付ける。「ご飯」、「お茶」、「おかず」、「おしんこ」。「おみおつけ」などは、味噌汁の中身の具にも汁にもそれぞれ敬語を付けている。このように自然が与えた食物にも神の恵みを感謝する心が表現されているのが日本語の特長だ。

現象としての日本の歴史だけを過去にたどって行くならば、現象は神の創造ではなくて、人間の心の思いの現われであるから、その時代、その時々の大勢の人々の心の思いの集合によって、善い出来事も現象となって現われ、善くない出来事も現象となって現われたこともあるのは当然である。だが、日本人の実相は、古代の昔から、二十一世紀の現代においても、あくまで中心帰一と大和の理念である。本書が述べる「日本の心を育てる」とは、日本人本来の実相の心を、現代の子どもに育てることが必要だということである。

＊日本の心を表わす国旗と国歌

日本の国旗は「日の丸」と呼ばれているが、国旗の中央に太陽をただ一つデザインしてある。太陽をデザインした国旗は、日本のほかにもたくさんある。中華民国（台湾）、フィリピン、バングラデシュ、アルゼンチン、ラオス、ニジェール等は太陽を国旗のデザインにしているが、太陽ただ一つを国旗の中央にデザインしてある国旗は、日本とバングラデシュである。バングラデシュの国旗は、中央の太陽の周囲をグリーンで染めてあるが、日本の国旗はまったくの太陽だけで後は無の白一色。

太陽は生きとし生けるものを生かす愛の象徴で、その形は円満完全を表わす円でその色は赤。赤は赤心《せきしん》とか赤誠《せきせい》とか言われるように真心と情熱を表わしているのが赤。その周囲は白で、白は何色にでも染まる柔軟さを象徴する色である。白は潔白さを表わす。人間も「腹が白い」と言えば善人を言い、「腹が黒い」と言えば意地悪な悪人を言うが、日本を表わす国旗の色は白である。

日本の国旗は日本人本来の愛の心を太陽で中心に表わし、旗の地は無色の白で汚《けが》れのなさを象徴したデザインになっている。

事実、デザイン評論家の勝見勝《かつみまさる》氏や、世界にもその名を知られている女性デザイナーの森《もり》英恵《はなえ》氏も、デザインとしてはパーフェクトと言っている日本の国旗「日の丸」は、日本人だけではなく、世界の多くの国の人々からも、世界の国旗のデザインの中では現代でもかなり高い評価を受けている国旗なのである。

今の日本の国旗「日の丸」が、いつ頃から国旗として正式に認定されたかについては、明治三年、当時の明治政府の太政官《だじようかん》布告《ふこく》によって、海外を航行する日本の船舶に「御国旗《おくにばた》」として、掲揚を義務づけたのが、正式に国旗として制定された始まりとされているが、日の丸が日本船の旗印として初めて海外に登場したのは江戸幕府の頃、勝海舟《かつかいしゆう》が乗った日米和親条約のときの「咸臨丸《かんりんまる》」に掲げられたのが最初であった。それ以前にも幕府の朱印船《しゆいんせん》の船印としても「日の丸」が使用されていた。さらにもっと古くは、平安末期から、鎌倉、室町時代を通して、戦国時代当時の武将の旗印や扇子《せんす》などにも、「日の丸」の模様が広く使われていたようで、古書『太平記』の中にも、南北朝の当時に後醍醐《ごだいご》天皇が旗印として「日の丸」を用いておられたという記述もある。

国旗はその国を表わすいわば国の顔とも言えるもので、世界のどの国でも、自国の国旗はもちろん、外国の国旗も尊重し、大事にする。世界の主だった国々には、「国旗侮辱罪」というのが刑法にあって、自分の国の国旗はもちろん、外国の国旗であっても、みだりに国旗を毀損《きそん》したり侮辱的な行為をすれば、刑法によって処罰される。日本の刑法にも「国旗侮辱罪」はあるが、現在の日本の刑法では、外国の国旗についてのみ適用され、自国の国旗については適用されていない。

平成十一年八月、「国旗及び国歌に関する法律」が国会で成立し、同年八月十三日に公布、施行され、国旗の「日の丸」と国歌「君が代」が、それぞれ正式に国旗、国歌として法制化された。ちなみに「国旗及び国歌に関する法律案」が可決されたときの状態は、衆議院では賛成四〇三、反対八六、参議院では賛成一六六、反対七一であった。

＊平和愛好の心を表わす日本の国歌「君が代」

日本の国歌「君が代」の出典は平安時代の『古今和歌集』の中にある祝い歌である。もともとの原詩は「君が代は」ではなく「わが君は」だったのだが後に「君が代は」に修正された。

日本に国歌が作られたきっかけは、明治二年、その頃日本の公使館の警備を担当していた

イギリス歩兵隊の軍楽隊長だったウィリアム・フェントンが、当時薩摩藩《さつまはん》の砲兵隊長をしていた大山巌《おおやまいわお》に、

「日本も世界の仲間入りをしたのだから、国と国との公式な儀式に国歌が必要だから、国歌を作ってはどうか。」

と持ちかけたのがきっかけである。大山巌からその話を聞いた宮内省は、宮内省雅楽課に国歌の制作を命じ、宮内省雅楽課では、『古今和歌集』の中にあった「君が代」をまず歌詞に採択し、これをウィリアム・フェントンに作曲を依頼した。

ところが、ウィリアム・フェントンが作曲した曲は、当時まだ西洋音階に慣れていなかった日本人の音感に馴染《なじ》まなかったので、宮内庁雅楽課では、改めて作曲を課内に募集し、奥《おく》好義《よしいさ》の作曲が選ばれた。その作曲を、当時の音楽学校（現在の東京芸術大学音楽部）教授であった林広守《はやしひろもり》が補作して、ドイツ人音楽家フランツ・エッケルトが和声（伴奏）を付けて完成させた。明治十二年のことである。完成した国歌「君が代」は、翌年の明治十三年十一月三日、明治天皇のお誕生日に、初めて宮中で演奏され、ここに日本の国歌「君が代」が誕生したのである。

「君が代は

千代に八千代に
さざれ石のいわおとなりて
苔《こけ》のむすまで」

もともとが、『古今和歌集』にあった祝い歌で、平安朝の頃には、貴族の間でも、一般民衆の間でも「君が代は」の歌い出しで大変親しまれていた祝い歌であった。農民も豊作の祝いの宴《うたげ》では、集まってよく歌っていたと言われている。ずっと後になって、桃山時代に、茶人の千利休《せんのりきゅう》が豊臣秀吉《とよとみひでよし》の茶会の席で歌ったという言い伝えもある。

「君が代」はあくまで平和な祝い歌であって、これを過去の軍国主義や戦争に結びつけるのは見当違いである。「君が代」の「君」が天皇であることが問題だと考える一部の人もいるが、日本と同じ君主国家であるイギリスの国歌は「God Save the Queen（神よ、わが女王を助け給え）」である。イギリスは、君主制国家である上に議会制民主主義の政治形態を持つ、世界でも民主主義政治の大先達なのだ。だから国の政治形態が民主主義の国だからと言って「君が代」の「君」が天皇であってはならないという理論は成り立たない。日本国の中心は皇室であり、国の中心者は天皇である。したがって「君が代は」ということは、「日本の国は」ということだ。日本の国が、「千代に八千代に」とは永遠にということで、「さざれ石のいわおとなりて苔のむすまで」の「さざれ石」とは小さな石、その小さな石が集積して、外見から見たら大きな岩のように見えるまでになって、その上に苔が生えるまでというのは、すべて一つの喩《たと》えであって、これも、いつまでも永遠にとの願いがこめられている。日本の国が、これから先も永遠に繁栄を続け、世界の国際平和に貢献して悪いわけがない。これが日本の国歌「君が代」の歌の意味である。世界各国の国歌の中には、戦争の歌が大変多い。アメリカ合衆国の国歌、「星条旗よ永遠なれ」を和訳すると、

「われらの旗、星条旗よ
　夜明けの空に、たそがれの夕空に
見ずやきらめく星条旗を
弾丸降る戦いの庭に
頭上高くひるがえる
堂々たる星条旗よ
おお、われらの旗あるところ
自由と勇気ともにあり」

である。前に記したイギリスの国歌も、

「神の救い　わが女王にあれ
幸と勝利と栄光を与え給え
栄え給え　わが女王
神よ立ち給え
よこしまなる敵を倒し
わが女王を救い給え」
となる。
これらの国歌に対して、インドネシア共和国の国歌は、国と大地を讃える比較的平和の歌である。
「インドネシア　わが祖国
わが身捧げん　わが大地
彼の地に我は立ち国のしるべとならん
インドネシア　われらが国
わが民族とわが祖国
共に叫ぼう

インドネシアはただ一つ」

その他、世界の国々には、いろいろな国歌があるが、平和な国歌を持っている国のほうが少ないのだ。中国も戦争の歌だ。タイ王国の国家にも、

「戦いも恐れずわれらが国のため
捧げん　この命　万歳」

という一節があり、やはり戦争の歌になっている。ただしタイ王国の国歌は、一般国民が歌う一般用の国歌と、王室用の国歌の二種類があって、王室用の国歌は王を讃える歌で、戦争調の歌詞にはなっていない。日本の国歌「君が代」から受けるイメージは、もっとも平和そのもので、戦争のセの字も思わせる言葉や文字はただの一字もない。日本国の中心者は、日本国建設以来、現代に至るまで一貫して天皇であるから、「君が代」の「君」は「天皇」でよいのである。

ずっと後になって、いくつもの名曲を作曲した有名な作曲家山田耕筰《やまだこうさく》氏がヨーロッパに渡航したおり、たまたま集まった音楽家同士の間の座興《ざきょう》の席で世界各国の国歌の品評会が行われたという逸話《いつわ》があるが、その席で、歌詞、曲ともに第一位になったのは、日本の国歌「君が代」だったのであった。

＊現代の日本の青少年児童に健全な愛国心を育てることが必要だ

日本の教育が、青少年児童を善い日本人に育て上げなくてはならないのは、世界の常識から考えても当然のことである。善い日本人とは、神の子の実相をしっかり自覚し、ちょっとやそっとの困難にめげることなく、自己内在の神なる無限力を発揮することを怠《おこた》らない強靭《きょうじん》な人間力を持った明るくたくましい日本人であると共に、人間相互はもちろん、自然に対しても自他一体の愛の心を持つ日本人本来の実相の心を持った日本人であり、日本人同士のみならず、世界のどの国の人々からも親しまれ、信頼され、尊敬される日本人である。

自国の歴史や文化の伝統に誇りを持つと共に進んで他国の文化をも敬虔に学ぼうとする心を「健全な愛国心」という。現代の日本人は、「愛国心」という言葉には抵抗を感じる人々も少なくないが、愛国心がない国民などというものは、地球上隈《くま》なく探しても、世界中どこの国にもいないのだ。

元スペイン大使だった某氏が話したところによると、氏がスペイン駐在中、スペインの小学校に通っていた同氏の息子が、スペイン語も上手だったし性格も明るくて、学校では成績もよかったのだが、どういうわけかスペインの友達から疎外《そがい》され仲よくしてもらえなかった。今の日本で言う「いじめ」に似た状態だったのである。特に意地悪をされたり、悪口を言われたり、無視されたりするわけではなかったが、スペイン人の子ども達が積極的に親しみを持って彼に近づこうとしない。何か距離を置いていてよそよそしいのだ。入学当初は大いに歓迎されて、そんなことはなかったのだが、だんだんそうなって来た。大使である父親の某氏は、自分の息子にどんな欠点があるのかと、いろいろ考えたが、それらしい点も思い当たらない。そこでいろいろと調査してみたところ、次のようなことが判明した。

スペインの子ども達にとっては、日本は、文明先進国であるとわかっているから、日本のことをたくさん知りたいのだ。日本のよいところ、日本の国の歴史のこと、自分の国に対する誇り、日本の文化やその優れた点、日本人の道徳観や伝統的な生活習慣等。ところが肝腎《かんじん》のスペイン大使の息子のほうは、日本の国のことについては、学校で教わったことと言えば、日本は北海道、本州、四国、九州と周囲にある約三〇〇〇個の島から成る島国で、人口はいくら、面積はいくらという程度のことぐらいで、日本の自然のよさなどと聞かれても、どこがどう優れているのか、そんなことは具体的には何も教わっていない。日本人の伝統的な風習や生活習慣などを聞かれても、学校でも家庭でも、まるで教わってもいないし考えたこともない。名勝や古墳についてもほとんど知っていない。日本の歴史と言ってもせいぜい年代と、その時代の出来事の暗記ぐらいで、その時代々の人々の考え方などは全然知らない。学校でも、日本の悪いところは十分よく教わっているが、日本のよいところなどはほとんど教わっていないから、歴史や文化の伝統に対する誇りなどまるで持っていない。要するにスペインの子ども達が聞きたい質問に答えることができないのである。その結果、スペインの子ども達は、

「自分の国に誇りも持ってないし、自分の国のよいところもわかっていなくて、歴史や文化の伝統に関心もないような子どもは尊敬できないよ。」

というのが、スペインの友達にうとんじられた原因であったことがわかったのだ。

日本を知らない日本人は、日本の中でだけ生活していたり、たまに観光で外国へ旅行する程度だったら通用するかも知れないが、外国に滞在し、その国の国民と親しく交流するとなったら、それでは通用しないのである。

日本で生活している日本人の中には、自分が無宗教であることに誇りを持って、無宗教であることがいかにも科学的であるかのような考え方をしている人もいるが、外国へ行ったら、これは通用しない。どこの国へ行っても、少し長く滞在してその国の人々と親しく交流する

ようになると、必ずと言ってよいほど、

「あなたの宗教は何か？」

と聞かれるのである。そのとき、その国がキリスト教国であったからと言って、「キリスト教」と答える必要はなく、またその国がイスラム教国であったからと言って、「イスラム教」と答える必要はないが、「わたしは宗教には無関心だ」とか、「わたしは無宗教だ」などと言ったら、人格の低い人間と見なされて軽蔑《けいべつ》されるのである。

諸外国では、宗教心を非常に重要視する。無宗教であることが科学的だなどと、幼稚な錯覚を持っているのは、世界の中でも現代の一部の日本人だけである。

今、国会で教育基本法の改正が検討されつつあり、平成十八年度中には改正法案が本会議に上程されて、平成十九年度以降、現行教育基本法は改正施行される見通しだが、改正教育基本法案には、「国を愛する心を育てる」という言葉が、条文として明記されている。

またこちらは、すでに平成十九年度より施行されることになっていて、現在文部科学省の初等中等教育審議会で、平成十八年秋をめどに文案作成を急ぎつつある小・中・高校の、新学習指導要領にも、指導目標の項目に、「国を愛する心を育てる」の項目が挙がっている。

「愛国心」とか、「国を愛する心」とか言うと、すぐに過去の戦争を連想したり、また日本が軍国主義を復活するのではないかなどと、正常な日本人なら誰も思っても考えてもいない転倒妄想《てんどうもうぞう》にしがみついている一部少数の自称進歩的文化人を自認している非進歩的非文化人や、その団体もあるが、すでに半世紀を越えた二十一世紀の現代においてさえも、遥か遠い過去に消え去った転倒妄想の悪夢にうなされて右往左往しているようでは、とっくの昔に肉体の病気が治ってもうすっかり完全健康になっている健康な人間が「病気だ、病気だ」と言って寝床にもぐり込んで自縄《じじょう》自縛《じばく》で動けなくなっているようなものである。歴史に逆転はあり得ない。それは人間個人の人生でも、社会の変化でも、国の歴史でも世界の歴史でも同じである。過去はないのである。過去はゼロである。すべては前しかない。過去に捉われて、善くも悪くも過去にのみしがみついている者には進歩がない。生命は進歩がなければ衰退するのである。国もまた生命体である。国の生命の流れが歴史であるから、歴史には前進あるのみで後退はない。たとえそれが善くも悪くも現代の日本が過去の日本にバックすることはあり得ない。日本はよりよく進歩するだけである。よりよい明日の日本を創造し、よりよい明日の世界の創造に貢献する神の使命を持っているのが、二十一世紀に生きる日本の青少年児童達なのだ。

まずは今の青少年児童に「神の子・無限力」の自己の実相をしっかり自覚させることだ。

それと同時に、人間相互に対しても、自然に対しても、自体一体の愛の心と、感謝の思いをしっかり育てることだ。

そして、日本国の実相である中心帰一と大和の理念をしっかり教え、育て、世界のどの国の人々からも、親しまれ、愛され、尊敬され、信頼される善い日本人に育つように、自国の歴史や文化の伝統に誇りを持ち、他国の文化をも進んで敬虔《けいけん》に学ぼうとする健全な愛国心の育成に努めることが、二十一世紀に生きる日本の青少年児童の育成に当たる親と教師にとって、ないがしろにしてはならない、大事な日本の教育である。

自国の青少年児童に自国の民族精神を育てることは、日本に限らず、世界中のどこの国の教育でも同じである。国を愛する心の育成も、どこの国の教育でも同じである。自分を愛し、家族を愛し、社会を愛し、国を愛し、世界を愛する。これが人間に宿る神の心である。これが人間の実相である。神の心を心として生活に行動化するとき、一人々々の個人の実相である神が現象化して現われる。

生長の家の教育法は、子どもの中に宿っている神または仏を引き出す教育法である。善い日本人を育てる教育法である。善い日本人であることが、日本のみならず、国際平和にも貢献でき、日本も含めた世界人類の福祉と繁栄にも貢献できる人間になるのである。今、世界人類共通の喫緊《きっきん》の課題となっている地球環境保護の問題も、地域を愛し、社会を愛し、国を愛し、世界を愛する善い日本人を育てることが基本となって、現世代から次世代へ、次世代からさらに次世代へと、地球を愛する心と、自然と共に生きようとする正しい生活態度が伝えられて行くことが必要である。

先進国から発展途上国、そして未開発国と地球上に膨大な人口がある中で、日本人だけが、日本の心を発揮しようと言って努力しても、地球全体がどうなるものかと思う人があるかも知れないが、それは違う。

現代の日本は、明治以来富国強兵を旗印に外国に追いつけ追い越せでもっぱら一路驀進《ばくしん》し続けて来た過去の日本とは、今では世界における国の立場が全然違うのである。追いつけ追い越せの日本は、もうとっくの昔になくなっていて、今の日本は、世界に影響力を持つ先進文明国であり、世界に指導力を持つ科学技術大国なのだ。地球環境も、その保護と改善に、日本が率先垂範《そっせんすいはん》しながら世界各国に積極的に呼びかける力を持った国なのである。

日本は、自分の国のことさえ考えていれば事足りるという立場ではなくなっているのである。今や日本は極東の小国日本ではなく、世界の大国日本なのだ。世界のために貢献しなければならない日本なのだ。

イラクの戦後復興にも、日本は多大な貢献を果たしている。イラクの復興には、アメリカもイギリスも、オランダも、いろいろな国が軍隊を派遣して復興を支援して来たが、その中で、イラク人から、感謝と好意を持たれて歓迎されているのは日本の自衛隊ただ一つなのだ。イラクの人々は、

「日本の自衛隊は我々が護る。日本の自衛隊を護るのは我々の義務だ。」

とまで言っている。アルカーイダのテロ集団でさえ、日本の自衛隊の宿舎周辺に迫撃砲弾《はくげきほうだん》を射撃した例はあるが、直接自衛隊にテロ攻撃を加えた例は一度もない。日本人のボランティアの一青年が、政府が渡航を禁止していたにもかかわらず、家族の制止も振り切って、単身イラクのそれももっとも危険とされている地域に乗り込んで、テロ集団に拘束されて殺害された例が一例だけあるが、これは現地のイラク人からさえも止《と》められたものを、意気がって無謀に独《ひと》りよがりの暴走をした本人の自己責任である。動機はどんなによくても、調和を欠いた独善的行動は神の心ではなく、日本の心でもないのである。

「大和魂《やまとだましい》」という言葉があるが、この言葉は過去の一時期、本来の意味とは非常に間違って使われた。「大和魂」とは大和《だいわ》の理念を言うのであって、独善先行や攻撃精神を言う言葉ではないのである。天地一切のものに感謝する大調和の精神を「大和魂」と言うのであって、

「大和魂」は神の心であり、日本の心なのである。

今、日本人に日本の心が忘れられている。それが日本の社会を乱している。二十一世紀に生きる日本の青少年や児童に、日本の心をしっかり育てることが必要だ。善い日本人を育てることが、社会を善くし、国を善くし、世界を善くし、地球を善くし、二十一世紀の明るい未来を実現させる根本になる。

二十一世紀の未来世界に生きるのは、今の青少年児童達であり、その未来世界を創造するのも今の青少年児童達なのだ。オランダの植林の話を思い出していただきたい。二十一世紀の未来世界に生きる青少年児童達に日本の心を育てることは、今の大人の責任である。教育は百年の大計なのである。

人間力を育てる――生長の家の教育法のすすめ（完）

人間力《にんげんりょく》を育《そだ》てる

生長《せいちょう》の家《いえ》の教育法《きょういくほう》のすすめ

発　行　平成18年3月5日　初版発行
平成21年3月1日　再版発行

著　者　木原源吉《きはらげんきち》〈検印省略〉

発行者　岸　重人

発行所　株式会社　日本教文社
〒107-8674　東京都港区赤坂9-6-44
電話　03(3401)9111(代表)
03(3401)9114(編集)
FAX　03(3401)9118(編集)
03(3401)9139(営業)

頒布所　財団法人世界聖典普及協会
〒107-8691　東京都港区赤坂9-6-33
電話　03(3403)1501(代表)
振替　00110-7-120549

印　刷　東洋経済印刷
製　本　牧製本印刷

JASRAC　出0600953-601
ISBN978-4-531-06401-4

定価はカバーに表示してあります。
落丁本・乱丁本はお取り替え致します。